POLYGLOTT

GARDASEE

ON TOUR

DIE AUTORIN

HEIDE-ILKA WEBER

entdeckte ihre Liebe zum Gardasee schon im Alter von zehn Jahren. Nach Umwegen über ein Jura- und anschließendem Touristikstudium fand sie zu ihrem Traumberuf und jettete 28 Jahre als Reisejournalistin und -autorin durch die Welt, doch nicht ohne regelmäßig am Gardasee Inspiration zu tanken.

Unser E-Book-Code zur elektronischen Erweiterung des POLYGLOTT on tour. Das kostenlose E-Book enthält die im Reiseführer aufgeführten Adressen entlang der Touren, beispielsweise zu Essen und Trinken, Shoppen, Aktivitäten und Hotel-Tipps. Links auf einen externen Kartendienst vereinfachen das Auffinden dieser Adressen.

WWW.POLYGLOTT.DE

SEITENBLICK
31 Gardasee persönlich
76 Sport
106 Wellness
138 Oper

ERSTKLASSIG
33 Hotels mit Flair
45 Gaumengenüsse
65 Die schönsten Märkte
72 Die spektakulärsten Aussichtspunkte
90 Gratis entdecken
105 Die attraktivsten Badeplätze

ALLGEMEINE KARTEN
4 Übersichtskarte der Kapitel
36 Die Lage des Gardasees

REGIONEN-KARTEN
52 Gardasee (Nord-, Ost- und Westufer)
100 Gardasee (Südufer)
118 Brescia und Hinterland

STADTPLÄNE
122 Brescia
136 Verona

6 TYPISCH
8 Der Gardasee ist eine Reise wert!
11 Was steckt dahinter
12 50 Dinge, die Sie ...
159 Meine Entdeckungen
160 Checkliste Gardasee

20 REISEPLANUNG & ADRESSEN
22 Die Reiseregion im Überblick
24 Klima & Reisezeit
25 Anreise
26 Reisen in der Region
28 Sport & Aktivitäten
33 Unterkunft
152 Infos von A–Z
155 Register & Impressum

34 LAND & LEUTE
36 Steckbrief
38 Geschichte im Überblick
40 Natur & Umwelt
40 Kunst & Kultur
42 Feste & Veranstaltungen
44 Essen & Trinken
158 Mini-Dolmetscher

SYMBOLE ALLGEMEIN
Erstklassig: Besondere Tipps der Autoren

Seitenblick: Spannende Anekdoten zum Reiseziel

Top-Highlights und Highlights der Destination

46 TOUREN & SEHENSWERTES

48 DAS NORD- UND OSTUFER
50 Tour 1 Arco und Naturidyll am Ledro-See
51 Tour 2 Tageswanderung auf dem Monte Baldo
51 Tour 3 Bezaubernde Orte am Ostufer
54 Unterwegs am Nordufer
62 Unterwegs am Ostufer

78 DAS WESTUFER
80 Tour 4 Auf der Hochebene von Tremosine
81 Tour 5 Auf der Gardesana Occidentale
82 Tour 6 Per Schiff von Gardone zur Insel Garda
83 Tour 7 Auf der »Strada dei Vini e dei Sapori«
84 Unterwegs am Westufer

98 DAS SÜDUFER
99 Tour 8 Südufer und Hinterland
101 Unterwegs am Südufer

115 BRESCIA UND SEIN HINTERLAND
117 Tour 9 Brescia und die Franciacorta
118 Tour 10 Entlang der Brescianer Seen
121 Unterwegs in Brescia
127 Unterwegs im Hinterland

133 VERONA
134 Tour 11 Spaziergang im Zentrum
140 Tour 12 An der Etsch

145 EXTRA-TOUREN
146 Tour 13 Mit Muße um den Gardasee in sieben Tagen
149 Tour 14 Kunst und Kultur in sechs Tagen
151 Tour 15 Gardasee-Höhepunkte in drei Tagen

TOUR-SYMBOLE

1 Die POLYGLOTT-Touren
6 Stationen einer Tour
A1 Die Koordinate verweist auf die Platzierung in der Faltkarte
a1 Platzierung Rückseite Faltkarte

PREIS-SYMBOLE

	Hotel DZ	Restaurant
€	bis 80 EUR	bis 25 EUR
€€	80 bis 130 EUR	25 bis 45 EUR
€€€	über 130 EUR	über 45 EUR

ZEICHENERKLÄRUNG DER KARTEN

(Seite=Kapitelanfang) beschriebenes Stadtviertel	Hauptstraße
Sehenswürdigkeiten	sonstige Straßen
Tourenvorschlag	Fußgängerzone
Autobahn	Eisenbahn
Schnellstraße	Staatsgrenze
	Landesgrenze
	Nationalparkgrenze

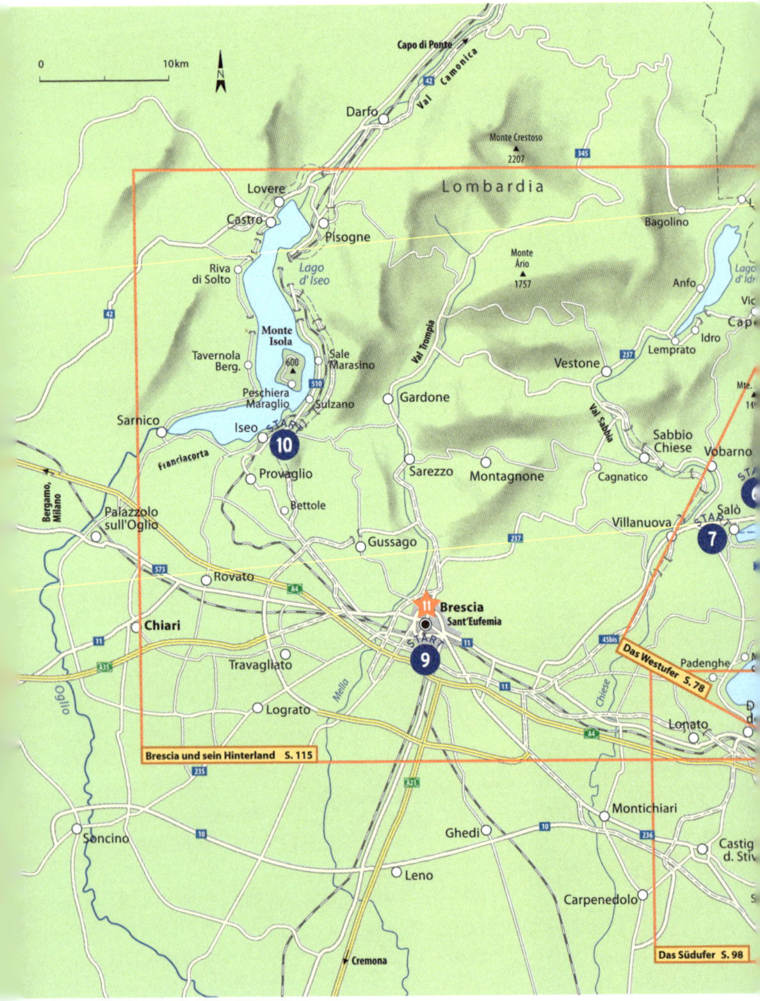

Perfekte Planung > Parallel vordere Klappe aufschlagen

TOP 12 HIGHLIGHTS

1. ALTSTADT VON RIVA DEL GARDA > S. 54
2. ARCO > S. 57
3. SCALIGERBURG IN MALCESINE > S. 62
4. MONTE BALDO > S. 64
5. PUNTA SAN VIGILIO > S. 67
6. ALTSTADT VON BARDOLINO > S. 71
7. BERGORT PIEVE DI TREMOSINE > S. 85
8. GIARDINO BOTANICO – FOND. HELLER > S. 91
9. SIRMIONE > S. 104
10. BORGHETTO DI VALEGGIO SUL MINCIO > S. 112
11. MONASTERO DI S. GIULIA IN BRESCIA > S. 123
12. ARENA DI VERONA > S. 135

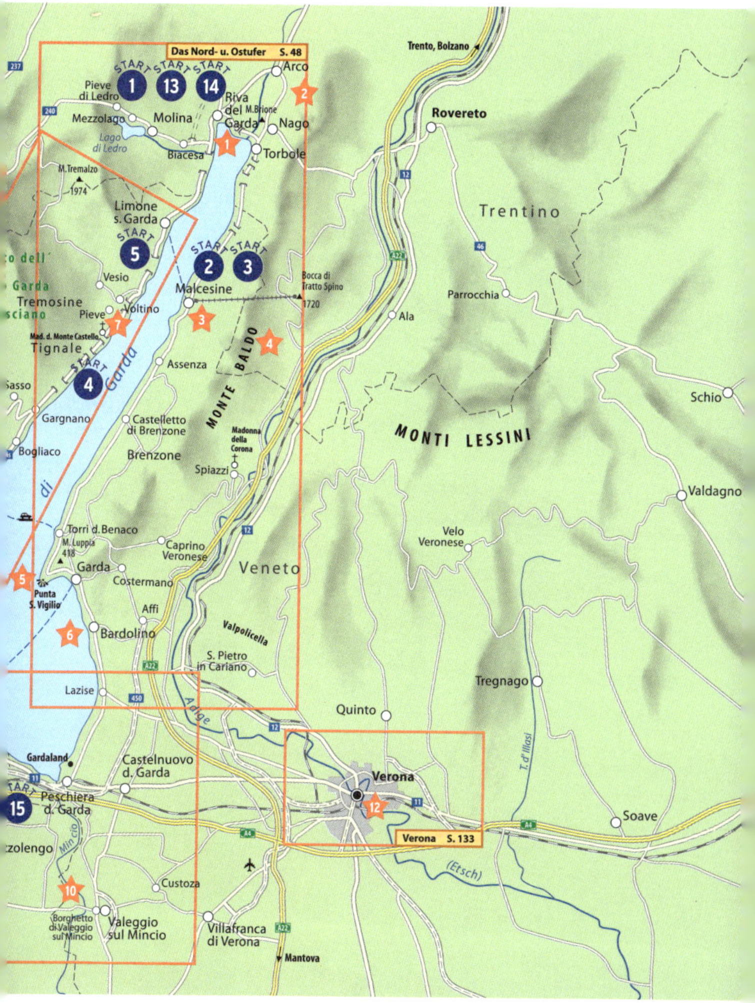

Torbole und die Nordspitze
des Gardasees

TYPISCH

DER GARDASEE IST EINE REISE WERT!

Wie kein anderer See vereinigt der Gardasee alles, was man an Italien liebt: Sonne, Strand, südländisches Flair, grandiose Landschaft, Kultur, kulinarische Genüsse, riesige Auswahl an Freizeit- und Wassersportaktivitäten. Deshalb fährt man immer wieder gern hin.

DIE AUTORIN HEIDE-ILKA WEBER
entdeckte ihre Liebe zum Gardasee schon im Alter von zehn Jahren. Nach Umwegen über ein Jura- und anschließendem Touristikstudium fand sie zu ihrem Traumberuf und jettete 28 Jahre als Reisejournalistin und -autorin durch die Welt, doch nicht ohne regelmäßig am Gardasee Inspiration zu tanken.

Bilder, die mich immer wieder faszinieren, wenn ich am Gardasee bin: der tiefblaue See, seine Bilderbuchlandschaften rundherum und das unglaubliche Licht, das mit jeder Stunde eine andere Färbung annimmt. Kann es Schöneres geben, als im zarten Morgendunst am See entlang zu schlendern und beim Anblick des Sees und der Berge Glücksgefühle zu bekommen?

Anschließend dann gemütlich einen *caffè* an der Uferpromenade von Salò genießen. Oder zwei. Weil es so schön ist, dieses heitere italienische

Morgens am Seeufer

Lebensgefühl zu spüren. So früh am Morgen lässt der Ansturm von Touristen noch auf sich warten. Wunderbar, so habe ich Salò mit den eleganten Palazzi und Boutiquen noch eine Weile für mich.

Schon Albrecht Dürer bewunderte die Burganlage von Arco und hat sie 1495 gemalt

Spätestens in ein, zwei Stunden werden die Gardaseeschiffe Ladungen an Ausflüglern ausspucken, und dann wird es eng in den Gassen der hübschen Altstadt. An das Gedränge, das selbst in der Nebensaison kaum nachlässt, habe ich mich längst gewöhnt, ich bin ja auch einer der vielen Menschen, die den Gardasee so lieben, dass sie so oft wie möglich hierherkommen. Dank des reizvollen Hinterlands kann ich dem Trubel am Seeufer jederzeit gut entfliehen. Von Salò aus sind es nur ein paar Kilometer auf die Hochebene von Tignale und schon ist man in einer anderen Welt. Von tief unten funkelt der Lago herauf, und der Blick über den See raubt einem fast den Atem.

Einer der Vorzüge am Gardasee ist, dass die Highlights rundherum so üppig gesät sind, dass man meistens nicht weit fahren muss. Und dennoch kann ich hier meine unstillbare Entdeckerlust jedes Mal wieder mit neuen reizvollen Orten und Lokalitäten füttern, ohne dass es mir jemals langweilig würde. Arco, der Nachbarort von Riva del Garda, beispielsweise. Allerdings wandle ich dort lieber auf den Spuren Rilkes und gemächlich auf den Burgfelsen hinauf, als mich im Mekka der Freeclimber die steile Felswand hochzuhangeln.

Und dann gibt es natürlich die Sehnsuchtsorte wie die Punta San Vigilio und ihre Locanda. An dieser Stelle mit Weitblick über den See könnte ich stundenlang verweilen und einfach nur das zeitlos romantische Bild in mich aufnehmen. Tatsächlich haben sich meine Lieblingsorte seit einigen Jahren vom Westufer ans Ostufer verlagert. Bardolino ist einer davon. Selbst wenn es dort in der Saison mächtig voll wird – so macht es mir einfach Spaß, am späten Nachmittag durch die gepflegten Gassen zu bummeln, in den einen oder anderen Laden hineinzuschauen und abends bei Don Pedro in der Altstadt *Lavarello alla griglia* zu essen.

Außerdem ist Bardolino ein prima Standort für meine zahlreichen Ausflüge am Lago. Zu meinem Lieblingsmarkt freitags in Garda kann ich direkt am See entlang radeln. Wenn mir nach Wandern zumute ist, ist der Monte Baldo nicht weit. Und wenn mein Hunger nach kulturellen Höhepunkten zu groß wird, bin ich schnell im nur knapp 30 km entfernten Verona.

Bardolino – einer meiner Lieblingsorte am Gardasee

Gern erkunde ich auch das Hinterland am See, auf schmalen Straßen im Süden beispielsweise, und lasse mich überraschen von beschaulichen Dörfern und Weilern am Wegesrand oder ich finde durch Zufall einladende Agriturismi wie Sapori in Cantina in den Weinbergen südlich von Peschiera, wo ich prima speisen kann.

Aber eigentlich muss ich nicht einmal so weit fahren, denn was mich am Gardasee ebenfalls begeistert, sind die vielen Feste: Musikgenuss vom Feinsten bei den zahlreichen Sommerkonzerten z. B. beim Garda Jazz Festival, dann die spektakulären Feuerwerke rund um den See oder sportliche Wettbewerbe wie die Segelregatta Centomiglia. Dazu noch jede Menge an lokalen Wein- und Dorffesten, deren kulinarischer Teil daran erinnert, dass die Gegend ja auch eine Genussregion ersten Ranges ist. Bei jedem Aufenthalt entdecke ich wieder neue Quellen für feine Genüsse aus der Seeregion: exzellente DOP-Olivenöle, Bergkäse, Honig von Bergwiesen und nicht zu vergessen die süffigen Weine aus den sieben Weinregionen am Lago.

Eigentlich ist der Gardasee ja auch ein perfektes Urlaubsziel für Familien und Wassersportler. Gern erinnere ich mich an die Zeit, als es hier noch keine Wasserparks und Surfbretter gab. Aus dem herrlich klaren Wasser war ich als Kind nur mit Mühe wegzulocken. Kristallklar ist das Wasser bis heute, vor allem in der nördlichen Hälfte des Sees, dem Dorado der Aktiv- und Wassersportler, denen ich gern zusehe, wie sie mit ihren bunten Kites über den tiefblauen See flitzen. Abends sitze ich besonders gern am Seeufer, um dem zauberhaften Farbspiel des Sonnenuntergangs zuzuschauen. Womit wir wieder beim Licht und beim Leuchten wären. Spüren Sie ihr nach, dieser ganz besonderen Lichtstimmung am Gardasee. Entdecken Sie den Zauber dieser Landschaft. Genießen Sie das beschwingte Lebensgefühl am See!

WAS STECKT DAHINTER?

Die kleinen Geheimnisse sind oftmals die spannendsten. Hier werden die Geschichten hinter den Kulissen erzählt.

WARUM HIESS DER SEE FRÜHER BENACUS UND HEUTE GARDA?

Benacus ist wohl keltischen Ursprungs und bedeutet sinngemäß »See in den Bergen«. Nach einer Legende verließ der Wassergott Benacus die Ozeane, um die Welt zu sehen. Dabei verliebte er sich in die Nymphe Engardina in ihrem kleinen Bergsee auf dem Monte Baldo. Mit dem Verprechen, einen viel größeren und schöneren See zu schaffen, überredete er sie, mit ihm zu kommen. Mit seinem Dreizack schlug er an die Felsen der Rocca (in Garda) und Fluten füllten das Tal mit dem See. Freudig sprang Engardina hinein und ihre blauen Haare färbten das Wasser tiefblau. Die Römer beließen es beim Namen Benacus. Als sich zwischen dem 5. und 8. Jh. Goten, Langobarden und Franken vor allem im Gebiet von Garda niederließen und viele Burgen bauten, erhielt erst das Städtchen, dann auch der See den altdeutschen Namen »garda« für Burg.

WAS HAT ES MIT DEN BEZEICHNUNGEN DOP UND DOCG AUF SICH?

Auf Olivenöl vom Gardasee findet sich häufig die Bezeichnung DOP. Das Güte- und Garantiesiegel *(denominazione d'origine protetta)* ist eine geschützte Ursprungsbezeichnung, die garantiert, dass z.B. die verwendeten Oliven aus dem angegebenen Gebiet stammen und eine bestimmte Qualität haben. Die Weine vom Gardasee tragen häufig das Herkunfts- und Qualitätssiegel DOCG. Es handelt sich in diesem Fall um Qualitätswein (DOC) mit kontrollierter Herkunftsbezeichnung (G). IGT bezeichnet Landwein und VDT (Vino da Tavola) die einfachste Kategorie Tafelwein.

WELCHES GEHEIMNIS STECKT HINTER DEN LIEBESKNOTEN-TORTELLINI?

Als der Feldherr Visconti Ende des 14. Jhs. mit seinen Truppen gegen die Mantuaner an den Ufern des Mincio kämpfte, verliebte sich Malco, ein junger Hauptmann, unsterblich in eine Nymphe am Fluss, die jedoch – mit einem Fluch behaftet – tagsüber das Aussehen einer Hexe annehmen musste. Auch sie verliebte sich in jener Nacht in ihn, musste aber vor Sonnenaufgang in den Fluss zurück. Als Pfand ihrer Liebe gab sie Malco ein goldenes Taschentuch mit einem Knoten. Eifersüchtige Hofdamen denunzierten sie als Hexe, daraufhin stürzte sich Malco in die Fluten des Mincio. Er hinterließ am Ufer das Taschentuch mit dem Knoten. Seitdem ist es dort Tradition, an Festtagen Tortellini zu formen, die man *Nodi d'amore* (Liebesknoten) nennt.

50 DINGE, DIE SIE ...

Hier wird entdeckt, probiert, gestaunt, Urlaubserinnerungen werden gesammelt und Fettnäpfe clever umgangen. Diese Tipps machen Lust auf mehr und lassen Sie die ganz typischen Seiten erleben. Viel Spaß dabei!

... ERLEBEN SOLLTEN

1 Tandemflug vom Monte Baldo Faszinierender kann man den Lago kaum erleben. Wer sich traut, bucht den Gleitschirmflug mit einem erfahrenen Piloten. Kenntnisse sind nicht erforderlich, Vertrauen muss man jedoch haben, z. B. in Fly2fun › S. 29 (ca. 30 Min. 130 € inkl. Seilbahn und Video).

2 Mit der Vespa um den See Statt sich im Sommer mit dem Auto durch den Stau zu quälen, kann man für die Ausflüge eine Vespa mieten, beispielsweise bei Bella Bici Bike & Vespa in Garda C6 (Via Don Gnocchi 41/b, Tel. 366 936 58 06, bellabici.bike). Macht mehr Spaß, geht oft schneller, man sieht viel mehr, und Parkplatzsorgen gibt es auch nicht.

Die Franciacorta will noch entdeckt werden

3 Geruhsame Fahrradtour am Mincio entlang Was fürs Auge und die Seele ist diese 12 km lange Zweiradtour von Peschiera del Garda nach Valeggio sul Mincio › S. 99. Wer eine größere Tour machen möchte, fährt dann weiter durch den beschaulichen Mincio-Naturpark bis ins sehenswerte Mantua.

4 Wandern mit Tiefblick auf den Lago Nur schwindelfreie Menschen ohne Höhenangst sollten auf dem großartigen Wanderweg 201 »Porto–Pieve« wandern, der Campione › S. 85 mit Pieve auf der Hochebene verbindet. Er schraubt sich teilweise in der Felswand hoch und bietet traumhafte Ausblicke auf den See.

5 Genusstour durchs Weinland Ausgeschilderte Weinstraßen führen durchs Hinterland des Sees zu interessanten Weingütern und Hofläden: Genial für genussvolle Neuentdeckungen mit dem Fahrrad oder Auto ist die »Strada del Vino Franciacorta« › S. 127.

6 Canoying-Abenteuer Abseilen, Klettern, Rutschen, Schwimmen,

Ein Tandemflug vom Monte Baldo ist zu jeder Jahreszeit reizvoll

Springen und Tauchen in abenteuerlichen Schluchten hat sich zum beliebten Abenteuer- und Trendsport entwickelt. Passende Stellen und Anbieter gibt's am nördlichen Gardasee genug, z. B. Canoying Adventures in Torbole › S. 28.

7 Seespaziergang Eine längere Strecke ohne Autoverkehr direkt am Seeufer entlang radeln oder spazieren – das ist möglich: Von Garda bis nach Peschiera führt ein durchgehender 15 km langer Fuß-/Radweg via Bardolino und Lazise C6–8.

8 Spiel, Sport und Spannung Im Busatte Adventure Park E1 bei Torbole kann sich die ganze Familie sportlich austoben: Neben einem Hochseilgarten gibt es Singletrails für Mountainbiker plus MTB-Schule, eine Bike-Arena mit BMX-Bahn sowie Wanderwege und Picknickzonen (www.busatteadventure.it/4/).

9 Der »spektakulärste Fahrradweg Europas« Den kürzlich eröffneten Fahrradweg von Capo Reamol bei Limone bis zur Stadtgrenze Riva muss man erlebt haben D2–E1: Der über dem See hängende freischwebende Weg entlang an der Steilwand bietet atemberaubende Blicke und verursacht Gänsehaut.

10 Verona-Sightseeing mit dem Fahrrad Verona bike › S. 143 macht es möglich. Einfach beim I.A.T.-Büro an der Piazza Bra anmelden und ein Rad an einem der Stellplätze auslösen. Nach 2 Std. (2 €) an einem freien Stellplatz abgeben bzw. verlängern (jede weitere Std./2 €).

... PROBIEREN SOLLTEN

11 Fisch frisch vom See Eine Delikatesse ist die Gardaseeforelle *carpione*. Da sie aber rar ist und daher nicht so oft auf der Karte steht, ist *lavarello* vom Grill (Gardaseefelchen) eine leckere Alternative, sehr gut z. B. in der Taverna dei Capitani mit wunderschönem Innenhof › S. 63 in Malcesine.

12 Carne salada Eine typische Spezialität des Trentinos sind die in Salzlake mit Kräutern eingelegten, dünn geschnittenen Rindfleischscheiben, besonders köstlich in der Trattoria Piè di Castello › S. 56, 4 km nördlich von Riva (ca. 10 €).

13 Trüffel von Tignale Viele Lokale auf der Hochebene von Tignale servieren während des Trüffelfests im Herbst › S. 88 ein 5-gängiges Menü zum Einheitspreis für ca. 35 €, bei dem die Delikatesse ein Bestandteil in jedem Gang ist, z. B. Albergo Castello C/D3 (Via Vastello 16, Tel. 0365 730 41).

14 Liebesknoten-Tortellini Den mit Kürbis, Keksen und Käse gefüllten Tortellini *Nodi d'amore* ist sogar ein eigenes Fest › S. 113 in Borghetto di Valeggio sul Mincio gewidmet. Mit Glück kann man sie in der Antica Locanda Mincio kosten › S. 114.

15 Risotto con la Tinca Eine für das Veneto typische Spezialität im Süden des Sees ist Risotto mit Schleien, sehr gut im Il Porticciolo › S. 75 in Lazise (ca. 10 €).

16 Tinca al Forno Wer diesen Fisch lieber ohne Drumherum mag, sollte die Spezialität am Iseo-See probieren: Schleie aus dem Ofen mit Polenta, vorzugsweise im Ristorante Trattoria al Porto in Clusane sul Lago › S. 129 (Porto dei Pescatori 12, Tel. 030 989 014, www.alportoclusane.it).

Für die Fischer am Gardasee ist es ein hartes Geschäft

17 Weine vom Gardasee Eine gute Gelegenheit, die typischen vielfältigen Weinsorten vom Gardasee und Valpolicella zu verkosten und zu vergleichen, bietet das Traditionsweingut Cantina F.lli Zeni in Bardolino › S. 72. Nicht verpassen: die interessante Führung durch den Weinberg und den beeindruckenden Weinkeller, inkl. Weinprobe (deutschsprachig: Mi 15 Uhr, 5 €).

18 Bergkäse aus Tremosine Dass am Gardasee auch köstlicher Bergkäse produziert wird, merkt man spätestens an der Käsetheke im Supermarkt. Noch besser: den aromatischen Bergkäse Garda direkt von den Erzeugern kaufen, z. B. im Hofladen der Alpe del Garda › S. 86 (ab 1,80 €/100 g).

19 Luganega trentina Die mit Kräutern kräftig gewürzte Wurst ist Bestandteil vieler Gerichte im Norden des Sees. Sie wird frisch gegrillt gern zu Polenta gegessen oder abgehangen als Aufschnitt angeboten (ab 1,90 €/100 g), u. a. in der Agraria Cantina Frantoio › S. 56 in Riva del Garda.

20 Franciacorta-Spumante Der renommierte Schaumwein mit Flaschengärung aus der gleichnamigen Weinregion zwischen Brescia und dem Iseo-See kann seinem Pendant aus der Champagne durchaus das Wasser reichen. Trinken Sie statt einen Spritz mal einen »Franciacorta« als Apero, gibt's in vielen Bars und Restaurants z. B. in der Enoteca Tresanda in Sarnico › S. 130.

Sogar ein ausgewachsenes Schlachtschiff befindet sich im Park des Vittoriale

… BESTAUNEN SOLLTEN

21 Panoramablick Traumhafte Ausblicke auf den Gardasee gibt es an vielen Stellen, einer der schönsten ist wohl vom Kirchplatz in Albisano › S. 67 hoch oben über Torri del Benaco. Schon Dichter Gabriele d'Annunzio nannte diesen Punkt »Balcone del Garda«.

22 Steinzeitliche Graffiti Von Albisano ist es nicht weit zum Monte Luppia und seinen prähistorischen Felsenritzungen › S. 67. Ein Höhenwanderweg führt von der Punta San Vigilio zu den Felsenbildern.

23 Kuriositätenkabinett Verwundert reibt man sich die Augen: Tatsächlich, im Garten Vittoriale degli Italiani › S. 91 in Gardone ist der Bug eines echten Schlachtschiffs in den Hügel eingepflanzt. Diese und noch weitere Kuriositäten kann man dort bestaunen, u. a. auch ein Flugzeug.

24 Limone »Sotto le stelle« Nur wenige der Zitronengärten sind noch in Betrieb, einer davon ist die Limonaia del Castèl in Limone. Bei einer Führung erfährt man Interessantes zu Anbau und Sorten, besonders reizvoll ist der Besuch bei den Abendöffnungen »Sotto le stelle« (unter den Sternen) › S. 84.

25 Varone-Wasserfall Schon die enge Felsenklamm E1 ist ein einzigartiges Naturschauspiel und Erlebnis. Und wenn dann am Ende die Wassermassen donnernd 100 m in die Tiefe stürzen, steht man tief beeindruckt davor und erfährt hautnah, warum man hier besser einen Regenschutz trägt › S. 59.

26 Baia delle Sirene Unzählige Strände am Lago verlocken zum Baden, doch der fraglos schönste ist der zur Punta San Vigilio › S. 68 gehörende Bilderbuchstrand (leider nicht ganz billig, Sommersaison 9/12 €, je nach Tageszeit) mit einem traumhaften Ausblick, der das romantisch verklärte Italienklischee voll und ganz erfüllt.

Zitronengärten sind typisch für Limone

27 Stimmungsvolles Musikerlebnis Das Garda Jazz Festival › S. 43, 60 ist nicht nur seiner hochklassigen Musiker wegen einzigartig, den Hörgenuss vollenden zauberhafte Open-Air-Lokalitäten wie im Castello von Arco oder in der Rocca von Riva.

28 Ein Museum für Nostalgiker Guter Tipp für Regentage: In acht Sammlungen zeigt das Museo Nicolis bei Verona rund 200 alte Autos, 100 Motor-und ebenso viele Fahrräder, Musikinstrumte und Fotoapparate aus alten Zeiten (Museo Nicolis E9, Viale Postumia 71, Villafranca di Verona, Tel. 045 630 32 89, www.museonicolis.com, Di–So 10–18 Uhr).

29 Isola del Garda Nicht nur die schönste Villa des Gardasees, auch der Naturpark, der im Rahmen der obligatorischen Führung besichtigt wird, lohnen einen Besuch der Insel › S. 94. Unvergesslich: dort einem der gelegentlichen Sommerkonzerte zu lauschen.

30 Legendärer Segelwettbewerb Die internationale Segelregatta Centomiglia › S. 43 ist ein Muss für Freunde des Segelsports. Für Feriengäste ist es eine Augenweide, wenn etwa 350 Segelboote mit ihren bunten Segeln dicht gedrängt von Bogliaco aus über den ganzen See starten.

Die Villa und Park auf der Isola del Garda muss man gesehen haben

... MIT NACH HAUSE NEHMEN SOLLTEN

31 Olivenöl vom Gardasee Hochwertiges natives Olivenöl kauft man am besten direkt beim Erzeuger. Ölmühlen *(frantoio)* und ihre Verkaufsgeschäfte gibt es in fast allen Orten am See, eine der besten ist Frantoio Cooperativa Agricola San Felice A6 (San Felice del Benaco, Via dele Gere 2, www.oliofelice.com).

32 Amarone für Weinliebhaber Ein ganz besonderes Souvenir sind Amarone- und Ripasso-Weine aus dem Valpolicella. In der Weinbar Masi Tenuta Canova bei Lazise › S. 74 kann man Weine von Amarone-Produzent Masi verkosten und dazu feine regionale Gerichte genießen.

33 Hochprozentiges In der Cantine e Frantoio Avanzi in Manerba del Garda › S. 96 gibt es gute Lugana- und Groppello-Weine und je einen sortenreinen Grappa aus diesen Trauben zu kaufen (Sommer: tgl. 9 bis 20 Uhr).

34 Quietschbunte Pasta Kaum ein Souvenirladen am See, der nicht Teigwaren in originellen Formen, Farben und Mustern vertreibt – ein prima Mitbringsel, das man aber in etwas besserer Qualität in Erzeugerläden kauft, z. B. in der Agraria Cantina Frantoio › S. 56 in Riva.

35 Honig von den Bergwiesen Beim »Miele millefiori dal Parco Alto Garda« schmeckt man die aromatischen Blüten auf der Zunge. Honig kauft man vorzugsweise in den Bergorten z. B. in der Latteria Turnaria in Tignale › S. 88 (tgl. 8–13, 16.30–19.30 Uhr, So nur vormittags) oder auf den Wochenmärkten.

36 Limoncello Den besten Zitronenlikör macht Giuseppe Gandossi in seiner wieder aktiven Limonaia La Malora › S. 86 in Gargnano, bei Führungen erfährt man viel Interessantes über die gelbe Zitrusfrucht.

37 Bassano-Keramik Die bunten Keramikschüsseln fallen beim Marktbesuch sofort ins Auge. Sie sind auch in jeder Küche ein Hingucker: zu kaufen auf den Wochenmärkten oder in Fachgeschäften z. B. in Malcesine › S. 62 (ab 6,50 €).

38 Getrocknete Steinpilze Ein aromatisches Mitbringsel, z. B. für feine Risotti, sind getrocknete Steinpilze. Gute Qualität hat allerdings ihren Preis, ergiebige 100 g kosten um die 18–22 €, zu kaufen u. a. im Hofladen Alpe de Garda › S. 86 in Tremosine.

39 Grano Padano vom Gardasee Für viele eine Glaubensfrage: Parmesan oder Grano Padano? Am Gardasee neigt man mehr zu letzterem, erhältlich auf jedem Markt, hält sich gut eingepackt mehrere Wochen. Stefano Calvino von Gusto Supremo in Padenghe › S. 96 erklärt gern den Unterschied und bietet gute Qualität.

40 Pesto und Pasten Willkommene Mitbringsel sind die aromatischen Pasten wie z. B. Oliven- oder Trüffelpaste, die es in vielen Erzeugerläden rund um den See zu kaufen gibt, z. B. der Agraria Cantina Frantoio › S. 56 in Riva del Garda.

Auf den Wochenmärkten kann man gut Käse, Schinken und Salami aus der Region kaufen

… BLEIBEN LASSEN SOLLTEN

41 Promillegrenze nicht beachten In Italien gilt striktes Alkoholverbot für Fahranfänger (unter drei Jahren Fahrpraxis), ansonsten eine 0,5-Promillegrenze. Bei Verstößen drohen drakonische Strafen von mind. 500 € bis Konfiszierung des Pkw bei über 1,5 Promille.

42 In öffentliche Busse ohne Ticket einsteigen Fahrscheine kauft man vor Fahrtantritt in einem Tabacchi-Laden (Hinweis: *biglietti*). Im Bus zahlt man einen Aufschlag.

43 Erlebnisparks am Wochenende besuchen Die Vergnügungsparks bei Peschiera sind ein beliebtes Ausflugsziel. Zu lange Wartezeiten verderben jedoch den Spaß.

44 Mit dem Auto zum Markt in Garda fahren Wer schlau ist, fährt mit dem Schiff (Abfahrten von fast allen Orten am See › S. 27) und umgeht damit Staus, zermürbende Parkplatzsuche und horrende Parkplatzgebühren. Das gleiche gilt für den Besuch von Sirmione.

45 Auf dem See die Regeln nicht beachten Fähren, Linienschiffe, Berufsfischer, Rettungs- und Zugboote für Wasserskifahrer haben immer Vorfahrt. Segelboote haben Vorrang vor Motorbooten.

46 Die rote Fahne am Strand ignorieren Sie bedeutet höchste Gefahr durch Sturm und Badeverbot.

Auch auf dem See gelten Verkehrsregeln

Rote Flaggen auf Wasserfahrzeugen signalisieren Wassersportlern, sich aus dem gleichen Grund sofort an Land zu begeben.

47 Geschwindigkeitsbegrenzungen nicht beachten Besonders auf der Tangentiale Verona–Brescia gilt meist ein Tempolimit von 70 km/h, kontrolliert wird häufig, es winken saftige Bußgelder.

48 Mit dem Fahrrad um den Gardasee fahren Radwege sind rar, meist müssen sich Radfahrer sehr enge Straßen mit dichtem Autoverkehr teilen, allenfalls ein Streifen von ca. 40 cm wird ihnen zugebilligt.

49 Die Gardesana Occidentale zwischen Riva und Gardone entlangfahren, wenn man Probleme mit langen Tunnels hat.

50 Hohe Absätze auf Pflasterstraßen tragen Besonders Malcesine kennt keine Gnade für High Heels.

Von jedem Ort aus kann man den See auch tretbootfahrend erkunden

REISEPLANUNG & ADRESSEN

DIE REISEREGION IM ÜBERBLICK

Drei ganz unterschiedliche Regionen Italiens teilen sich den Gardasee, und mindestens so vielseitig ist auch der Lago.

Im **Norden** und im nördlichen Abschnitt des Ost- und Westufers schmiegt sich das alpine Bergland eng an den tiefblauen See und bietet faszinierende Ansichten, die seinerzeit schon Goethe begeisterten. Hier, wo der Gardasee zum Trentino gehört, ist der Einfluss Österreichs noch unverkennbar – und das nicht nur in der Küche mit ihren herzhaften Spezialitäten wie Schüttelbrot, Knödel, Speck und Kraut.

Dank der konstanten Winde ist hier zwischen Riva del Garda und Malcesine am **Ostufer** das Dorado der Aktiv- und Wassersportler mit Torbole als Hotspot. Mountainbiker fühlen sich im Norden des Lagos ebenfalls in ihrem Element. Ein weites Pistennetz von Nago aus über die 30 km lange Bergkette des Monte Baldo sowie im Hinterland von Riva mit dem nahegelegenen Lago di Ledro bietet ihnen rasante Abfahrten und fantastische Ausblicke. Letztere genießen auch Wanderer auf gut ausgebauten Panoramawegen. Kletterer und Bergsteiger zieht es vor allem nach Arco mit seinen Kletterwänden. Auch kulturell Interessierte werden nicht enttäuscht.

Bei Torri del Benaco weiter südlich wandelt sich das Bild. Die hochalpine Landschaft geht allmählich über in sanfte Moränenhügel. Alte Olivenbäume prägen das Bild. Man versteht, warum diese Seite des Sees **Riviera degli Olivi,** Olivenküste, genannt wird. Hier weitet sich der See. Die Orte wirken italienischer, allen voran die Punta San Vigilio auf einer Landzunge zwischen Torri und Garda, das Gardaseemotiv schlechthin. Ab hier erstreckt sich im Hinterland das Weinbaugebiet des Bardolino. Der Ort, der dem süffigen Rotwein den Namen gab, sowie Garda und Lazise mit ihren beliebten Badestränden warten auch mit einer Vielzahl sehenswerter Kirchen und Kunstdenkmäler auf.

Das **Westufer** zeigt sich im nördlichen Abschnitt wesentlich schroffer als das Ostufer. Fast senkrecht fallen hier die Felswände ab und drängen die berühmte Uferstraße Gardesana Occidentale eng ans Ufer. Die zahlreichen längeren Tunnel lassen aber nicht mehr so viele spektakuläre Ausblicke auf den See zu, wodurch die Straße viel von ihrem früheren Reiz verloren hat. Limone, einst ein Zentrum des Zitronenanbaus, zieht mit seiner hübschen Lage viele Besucher an. Wer sich auf das Abenteuer einlässt, auf kurvenreichen Strecken zu den Hochebenen von Tremosine und Tignale hinauf zu fahren, wird reich belohnt: Die wildromantische Landschaft vor dem grandiosen Bergpanorama des Naturparks Alto Garda Bresciano bietet atemberaubende Tiefblicke auf den Lago, wunderschöne Wanderwege und tolle Pisten für Mountainbiker. An der Uferstraße Richtung Süden punkten die

Limone kann man gut per Linienschiff besuchen

Orte Gargnano und Toscolano-Maderno mit guter touristischer Infrastruktur. Ab hier beginnt die Riviera Bresciana. Hier suchte im 19. Jh. die betuchte Gesellschaft Erholung. Salò und das noble Gardone Riviera künden mit ihren eleganten Villen und Hotels noch heute von dieser glanzvollen Zeit.

Das sich anschließende Hügelland der Valtènesi hat sich neben seinen guten Bademöglichkeiten und zahlreichen Campingplätzen auch einen Namen als Genussregion mit einer eigenen Weintradition und zahlreichen Weingütern gemacht, bekannt vor allem durch den Rotwein Groppello und den Rosé Chiaretto.

Das **Südufer** ist bevorzugtes Ziel von Badegästen. Während der Hochsaison sind hier die Strände meist sehr voll. Die Halbinsel Sirmione mit der imposanten Scaligerburg, ihren gemütlichen Straßencafés und Souvenirläden gehört zu den beliebtesten Ausflugszielen am Gardasee. Auch das nahe Desenzano del Garda, die größte Stadt am See, und auf der anderen Seite Peschiera del Garda mit seiner Festungsanlage werden gern besucht, vor allem an Markttagen. Viel Spaß für kleine und große Kinder bereiten die Erlebnisparks bei Peschiera wie Gardaland, Canevaworld, Movieworld und Sealife. Für Geschichtsinteressierte ist ein Besuch im Hinterland ein Muss. In der sanften Moränenhügel- und Weinlandschaft findet man mit Solferino und Custoza Orte, die eine zentrale Rolle bei der Entstehung des modernen Staates Italien spielten. Ein zauberhaftes Bild bietet sich dem Besucher in Borghetto di Valeggio sul Mincio, das von mehreren Seitenarmen des Mincio durchflossen wird.

Westlich des Sees will **Brescia und sein Hinterland** entdeckt werden. Obwohl das direkte Umland stark von Industrie geprägt ist, zeigt sich die Innenstadt als wahres Schmuckstück mit bedeutenden historischen Denkmälern und Museen von der Römerzeit bis in die Spätrenaissance. Der Lago d'Iseo lockt zu einem Abstecher in die lombardische Seenlandschaft. Beson-ders Weinkenner schätzen die Franciacorta südlich vom Iseo-See. Dort liegen die hübschen Orte Iseo und Sarnico. Aus der Mitte des Sees ragt der Kegel des Monte Isola. Unberührte Natur und ursprüngliche Bergdörfer findet man noch am kleineren Lago d'Idro. Beeindrucken ist auch die kurvenreiche Fahrt am einsamen Nordufer des fjordartigen Stausees Lago di Valvestino. Seit jeher gehört die nahe Opernmetropole **Verona,** nur 25 km östlich vom See, zu den beliebtesten Ausflugszielen am Gardasee. Wer italienisches Flair sucht, der wird sich in der Stadt von Romeo und Julia wohlfühlen.

KLIMA & REISEZEIT

Ginge es nach den Erfahrungswerten der Meteorologen, so müsste der Gardasee eigentlich um 200 km weiter im Süden liegen.

Das Klima am Gardasee ist das ganze Jahr über mild, die Durchschnittstemperaturen erreichen selbst in den Sommermonaten selten mehr als 28 °C. Zwar kann es tagsüber im Juli und August auch mal heißer werden, verbunden mit abendlichen Gewittern und mit einer stets frischen Brise vom See lässt sich das aushalten. Im Herbst, also September und Oktober, ist bei Tagestemperaturen zwischen 18 und 25 °C das Wasser allerdings schon spürbar kühler. Im November setzen Niederschläge ein, und es wird unangenehm kalt. Die Regenperiode endet aber bereits im Dezember und macht Platz für die klaren Tage des Winters. Im Januar, dem kältesten Monat mit einer durchschnittlichen Lufttemperatur von 2,3 °C, fällt höchst selten Schnee. Anders aber in den Höhenlagen – auf dem Monte Baldo und

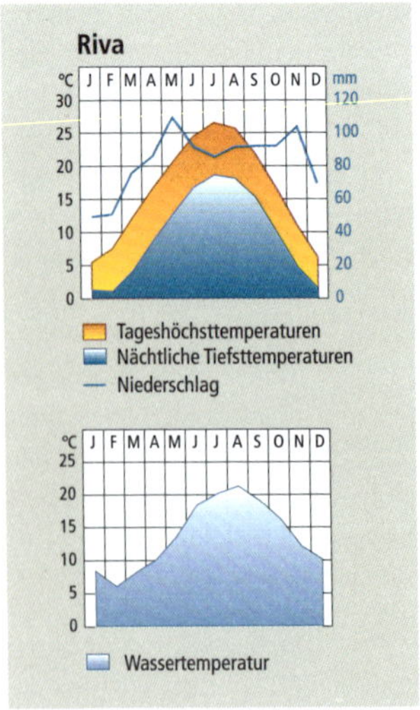

im Trentino kann man im Winter gut Ski fahren. Bereits Anfang April wärmt die Sonne die Luft schon so, wie es in Mitteleuropa sonst erst Mitte Mai der Fall ist. Die schönste Zeit am Gardasee ist das Frühjahr, wenn die Natur in ihrer Blütenpracht erwacht und die großen Besucherströme den See noch nicht erreicht haben. Wasserratten kommen indes erst im Frühsommer auf ihre Kosten, doch bis in den frühen September hinein lädt dann der See – vor allem im südlichen Teil – zum Baden ein.

Wer kann, sollte die Hochsaison im Juli und August meiden. Verstopfte Straßen, überfüllte Hotels und Campingplätze sowie Wartezeiten könnten die Urlaubsstimmung trüben. Wer aber auf diese Zeit angewiesen ist, tut gut daran, die Unterkunft Monate im Voraus zu buchen. Der Herbst ist die Zeit der Wanderer und der Genießer, der Schlemmer- und Weinfeste mit Spezialitäten der Region. Im Winter sind die Hotels sind zum großen Teil geschlossen.

ANREISE

MIT DEM AUTO

Die Hauptroute zum Gardasee führt über die Brennerautobahn (A 22, mautpflichtig). Wer den nördlichen Teil des Sees ansteuert, verlässt die Autostrada bei der Ausfahrt Rovereto Sud/Lago di Garda Nord, den südlichen Teil erreicht man über die Ausfahrt Affi, die durch eine Schnellstraße mit Peschiera del Garda verbunden ist. Aus der Schweiz und dem Autobahnkreuz Milano führt die A4 (Milano–Venezia) direkt zum See.Von der A4-Ausfahrt Desenzano del Garda erreicht man das Westufer und die Gardesana Occidentale, die Orte am Ostufer erreicht man über die Ausfahrt Peschiera del Garda bzw. über die Schnellstraße ss 450 nach Affi.

MIT DEM ZUG

Mehrmals täglich gibt es Direktverbindungen von Deutschland und Österreich (via Innsbruck und Brenner) sowie über die Schweiz (via Mailand). Ein Eurocity, der in München startet, ist in knapp fünf Stunden in Rovereto (Zielbahnhof für den Nordteil des Sees), eine Stunde später in Verona (von dort bestehen direkte Busverbindungen zu allen Seeorten).

Nicht alle Schnellzüge halten in den Gardaseeorten Peschiera, Sirmione und Desenzano. Infos zu Fahrplänen: www.bahn.de, www.sbb.ch, www.oebb.at und www.trenitalia.it.

MIT DEM FLUGZEUG

In der Nähe des Gardasees liegen zwei Flughäfen, die auch von internationalen Fluggesellschaften angesteuert werden.

Der **Verona Airport** Valeria Catullo liegt 12 km von Verona entfernt in Villafranca (www.aeroportoverona.it). Shuttlebusse verkehren je nach Tageszeit alle 20–55 Min. zum Hauptbahnhof in Verona (5.35–23.10 Uhr, 6 €) bzw. zum Verona Airport (5.15–22.50 Uhr). Wer ans Ostufer möchte, kann von dort direkt in einen ATV-Bus Linie 164 (www.atv.verona.it/LineeLago) umsteigen oder den Zug ans Südufer nehmen und in Peschiera del Garda umsteigen (www.trenitalia.it). Ans Westufer fährt man am besten mit dem Zug nach Desenzano. Von dort verkehren Busse in die Orte am West- und Südufer.

Der bei **Bergamo** gelegene Flughafen Orio al Serio wird von einigen Billigfluglinien angesteuert. Shuttlebusse verkehren halbstündlich zum Hauptbahnhof in Bergamo (ca. 5 €). Busse der Linie Autostradale verbinden den Flughafen mehrmals am Tag mit Brescia (www.autostradale.it, ca. 12 €). Von Bergamo und Brescia aus erreicht man den Gardasee auch mit dem Zug, von Brescia fahren Linienbusse nach Desenzano und ans Südufer.

REISEN IN DER REGION

MIT DEM AUTO

Das Straßennetz rund um den Gardasee ist zwar gut, doch sind die Straßen teilweise in einem arg ramponierten Zustand, gut sind hingegen die mautpflichtigen Autobahnen. Wer mit abgründigen oder kurvenreichen Bergstraßen Probleme hat, sollte einige Bergstrecken (vor allem vom steilen Westufer aus) besser meiden. Auch die vielen, teils unbeleuchteten Tunnels der Gardesana Occidentale und zum Lago die Ledro (4700 m Länge) sind nicht jedermanns Sache. Die Tempolimits betragen im Ortsgebiet in der Regel 50 km/h, auf Staats-, Regional- und Gemeindestraßen 90 km/h, auf Schnellstraßen 90 bzw. 110 km/h, auf Autobahnen maximal 130 km/h. Außerhalb geschlossener Ortschaften muss man auch tagsüber mit Abblendlicht fahren. Auf den beiden Uferstraßen am See entlang gilt in der Regel ein Tempolimit von 50 km/h, auf der Schnellstraße ss11 Verona–Brescia darf meistens nicht schneller als 70 km/h gefahren werden, Kontrollen sind häufig! Die Promillegrenze liegt bei 0,5.

Bei einer **Panne** darf das Auto nur mit Warnweste verlassen werden, diese ist immer mitzuführen! Pannenhilfe erhält man unter Tel. 116 (Pannendienst des Automobile Club d'Italia, ACI).

Bei einem **Unfall** sollte unbedingt die Polizei zu Hilfe geholt werden (Carabinieri: Tel. 112). Name und Adresse der Versicherung jedes italienischen Unfallgegners sind aus dem hinter der Windschutzscheibe angebrachten Versicherungsschein ersichtlich. Deutsche Versicherer empfehlen die Mitnahme der Internationalen Grünen Versicherungskarte.

MIT DEM BUS

Die Orte am **Ostufer** des Sees, aber auch einige im Hinterland, sind durch die Linienbusse der ATV (Azienda Trasporti Verona) gut erschlossen. In der Hochsaison verkehren Busse der Linie 484 etwa stündlich zwischen Riva, Malcesine und Garda mit Stopps in allen Orten. Von Garda verbinden u. a. die Busse 162, 163, 185 das südliche Ostufer bis Lazise und Orte im Hinterland, teils bis Verona Hauptbahnhof, die Linie 164 fährt von Garda bis Peschiera und von dort zum Flughafen Verona (www.atv.verona.it). Der zum Trentino gehörige Nordteil des Gardasees (u. a. Riva, Torbole, Ledro-See, Arco) werden durch die Busse von Trentino Trasporti bedient, die auch den Bahnhof Rovereto mit dem See verbinden (www.ttesercizio.it, u. a. Linie 2 und 3).

Abenteuerlich ist die Fahrt auf der Gardesana Occidentale am Westufer

Entlang des **Westufers** bis Brescia und noch weiter verkehren Busse der Brescia Mobilità. Die Orte des Südufers werden von Linien der ATV und von Trasporti Brescia angefahren. Fahrpläne für die wichtigsten Buslinien am See: www.visitgarda.com/de/buslinien-gardasee/. Bustickets möglichst vorab in Tabacchi-Läden und Tourist Infos kaufen und unbedingt bei Fahrtantritt entwerten, im Bus sind Tickets viel teurer.

MIT DEM SCHIFF

Alle wichtigen Orte am See sind durch Linienschiffe verbunden, teils auch durch schnelle Tragflügelboote *(Aliscafo)* oder Katamaran. Teilweise können auch Fahrräder mitgenommen werden. Eine Schifffahrt von Gardone nach Sirmione kostet einfache Strecke 9,80 €, von Desenzano nach Riva del Garda, 4,5 Std., um 15,10 €. Für die Fahrt in Schnellbooten zahlt man einen Aufschlag.

Möchte man ans jeweils gegenüberliegende Ufer, ohne um den halben See fahren zu müssen, empfiehlt sich die Autofähre, die ganzjährig zwischen Torri del Benaco am Ostufer und Toscolano-Maderno am Westufer pendelt (zwischen ca. 8 und 20 Uhr alle 35 Min., Fahrzeit 25 Min., je nach Autolänge und -höhe ab 12,90 € mit Fahrer). Im Sommer verkehrt zusätzlich eine Autofähre zwischen Limone und Malcesine mehrmals tgl. zwischen 9.30 und 18.30 Uhr. Infos: Navigazione sul Lago di Garda (www.navigazionelaghi.it). > mehr S. 17 Punkt 44

SPORT & AKTIVITÄTEN

Der Gardasee ist ein Dorado für Aktivurlauber. Von Golf bis Wassersport, von Wandern bis Mountainbiking und Klettern – hier findet jeder, vom Anfänger bis zum Profi, das passende Sportangebot.

ALLGEMEIN

Infos zu allen Sportarten, Anbietern und -schulen findet man unter www.gardasee.de/sport.

CANYONING

Das nasse Abenteuer in wilden Schluchten findet auch am Gardasee immer mehr Anhänger. Die meisten Veranstalter bieten von Arco und Torbole aus Canyoningtouren mit erfahrenen Führern, auch für Familien mit Kindern, z. B. **Canyon Adventures** in Torbole E1 (Via Matteotti 122, Tel. 334 869 86 66, www.canyonadv.com), › mehr S. 12 Punkt ❻, sowie weiterem adrenalinsteigernden Abenteuersport wie Fun Kayaking und River Trekking (www.gardatrentino.it/de/River-Trekking-Gardasee/).

GOLF

Der Gardasee ist eine ausgesprochene Golfregion mit rund zehn professionellen Plätzen, guten Golfhotels und -schulen. Übersicht und Details auf: www.golfregionlakegarda.com. U. a. haben sich folgende Plätze bewährt:

Arzaga Golf Club A7
(18- und 9-Loch)
- Calvagese della Riviera | Via Arzaga 1
  Tel. 030 68 06 00
  www.palazzoarzaga.it

Garda Golf Country Club A7
(18- und 9-Loch)
- Soiano del Lago | Tel. 0365 67 47 07
  www.gardagolf.it

Bogliaco Golf Resort C4 (18-Loch)
- Toscolano-Maderno | Via del Golf 21
  Tel. 0365 64 30 06 | www.golfbogliaco.com

KLETTERN

Das Zentrum des Klettersports ist Arco › S. 57, dort werden Touren aller Schwierigkeitsgrade geboten. Im Mekka der Freeclimber wird im Spätsommer das »Rock Master« ausgetragen, die inoffizielle Weltmeisterschaft (rockmasterfestival.com).

Neben den Kletterwänden in und um Arco mit mehr als 1000 Routen gibt es im Dreieck Riva, Dro und Torbole zahlreiche Klettersteigstrecken und -wände. Gute Vorschläge beinhalten die Broschüren Climbing und Via Ferrata, erhältlich in den Tourist Informationen in Arco und Riva sowie unter www.gardatrentino.it/de/Kletterwände-Outdoor-Park-Garda-Trentino/. Beliebt ist auch die schräge Felsplatte Corno di Bó an der Uferstraße von Torbole nach Malcesine.

Tourist Information Arco E1
- Arco | Viale delle Palme 1
  Tel. 0464 53 22 55
  www.gardatrentino.it/de/gardasee/

MOUNTAINBIKING

Eine der beliebtesten Sportarten am Gardasee: Im gebirgigen Nordteil des Sees und am Monte Baldo finden auch die Profis unter den Mountainbikern tolle Pisten für Berg- und Talfahrten (Tourenvorschläge › S. 77). Die meisten Mountainbiker mieten sich in ein Sporthotel in der Hochburg Torbole ein, hier finden sie auch die besten Geschäfte für den Verleih von Rädern (ab 20 €/Tag). Im Übrigen gibt es in fast allen Orten rund um den See mindestens einen Fahrradverleih. Tipps für Trips und Kartenmaterial auf folgenden Internetseiten:

- www.visitgarda.com/de/
- www.gardasee.de/mountainbike/touren
- www.gardatrentino.it/de/

Arco lockt Kletterer mit alpinen Bigwalls

PARAGLIDING UND TANDEMFLÜGE

Gleitschirmfliegen wird immer populärer am See. Einige Schulen in Arco und Malcesine bieten Kurse und Sicherheitstraining an. Wer noch keine Praxis hat, kann auch einen Tandemflug mit erfahrenen Profis buchen, Kenntnisse sind nicht erforderlich, auch Behinderte können mitfliegen. Kurse und Tandemflüge am Gardasee bietet z. B. **Fly2Fun** an (Tel. 0039 334 94 69 757, www.tandemparagliding.eu).
› mehr S. 12 Punkt 1

Volo Libero Alto Garda in Arco Via Segantini 28, Tel. 348 709 79 89, www.arcobalenofly.com) vermietet darüber hinaus auch die Ausrüstung. Für Flüge vom Monte Baldo sollte man über eine gute Flugpraxis verfügen. Praktisch: Mit der Seilbahn Malcesine–Monte Baldo erreicht man die Abflugplätze in 1600–1800 m Höhe in wenigen Minuten, so dass mehrere Flüge am Tag möglich sind.

REITEN

Die schönsten Reitwege liegen im Hügelland hinter Garda, an den Hängen des Monte Baldo, in der Ebene bei Peschiera del Garda und in den Mincio-Auen. Etwa 50 Reitställe rund um den See bieten Kurse und Ausritte sowie Touren unterschiedlicher Länge an. Bewährte Reitställe und -schulen sind u. a.:

Club Ippico S. Giorgio E1
- Loc. San Giorgio | Arco
  Tel. 328 173 68 82
  www.clubippicosangiorgio.it

Club Ranch Barlot E5
- Loc. Barlot-Porcino
  Caprino Veronese

Tel. 348 723 40 82
www.ranchbarlot.com

Agriturismo Scuderia Castello B5

- Gaino di Toscolano-Maderno
  Via Castello 10 | Tel. 0365 64 41 01
  www.scuderiacastello.it

WASSERSPORT

Der Gardasee, vor allem im Norden, hat sich dank der zuverlässigen Winde zum Topsurfrevier Italiens entwickelt. Während morgens aus Surfersicht noch eher ein mildes Lüftchen aus den Bergen weht, bringt pünktlich gegen 13 Uhr ein kräftiger Wind *(ora)* Bewegung ins Surfbrett. Hotspots der Surfszene sind Torbole, Malcesine, Brenzone, Gargnano sowie am Westufer Campione und Limone. Anfänger versuchen es besser weiter südlich, z. B. in Torri del Benaco, wo gemäßigtere Winde herrschen.
Wassersportler sollten sich die Tel. 1530 des 24-STUNDEN-SEENOT-RETTUNGSDIENSTES merken.

Neben Windsurfen, Segeln und Tauchen sind auch Trendsportarten wie Kitesurfen, Stehpaddeln (SUP), Waterwolf und Wakeboarden (Gardawake, Camping du Parc, Lazise, www.gardawake.com) en vogue. Unzählige Windsurfschulen, Surfbrett- und Segel- und Bootsverleihe bieten in vielen Urlaubsorten ihre Dienste an. Tauchschulen befinden sich u. a. in Riva, Arco, Desenzano und Manerba. Hier einige renommierte Wassersportschulen mit deutschsprachigen Kursen (weitere Wassersportschulen und Anbieter: www.gardasee.de/sport, www.gardatrentino.it/de/).

Stickl Sportcamps D3

Größte Surf- und Segelschule am See: Wind- und Kitesurfen, Segeln und SUP.

- Via Gardesana Sud 144B | Malcesine
  Tel. 045 740 16 97 | www.stickl.com

Ok Surf C4

- Parco Fontanella | Gargnano
  Tel. 328 471 77 77 | www.oksurf.it

Surf Segnana E1

- Foci del Sarca | Torbole
  Tel. 0464 50 59 63
  www.surfsegnana.it (dt.spr.)

Windsurfing Campagnola D3

- Via Panoramica | Malcesine
  Tel. +49 171 410 85 44
  www.sunrise-windsurfing.de (dt.spr.)

Gruppo Sommozzatori Riva del Garda E1

Tauchschule und Ausrüstungsverleih.

- Viale Rovereto 140 | Riva del Garda
  www.grupposommozzatoririva.it

WANDERN

Auch Wanderfreunde finden am See ein geradezu fantastisches Wegenetz: Panoramastrecken mit sagenhaften Ausblicken z. B. am Monte Baldo, in den Hochebenen von Tremosine und Tignale, sowie an den Seen im Hinterland. Die Berge im Norden sind durch gut markierte Wege und bewirtschaftete Hütten *(rifugio)* perfekt erschlossen. Tourvorschläge › S. 76, **Wanderkarten** und **Tourenvorschläge** erhält man in den lokalen Tourismusbüros.

GENUSSREGION GARDASEE

Fabio Vincentini ist Manager und Herr der Käse in der Kooperative Alpe del Garda

IM REICH DER BERGKÄSE

Alpe del Garda – 400 m hoch über dem See, ein mustergültiges Überlebensprojekt für die hiesige Landwirtschaft.

Fabio Vincentini führt mich persönlich durch die Käserei über dem See. Bis zu 40 000 Käselaibe können in den Regalen gestapelt werden, erklärt der Manager und »Herr der Käse« von der Alpe del Garda. Den Rohstoff für die würzigen Bergkäse liefern täglich 1000 Milchkühe, allerbeste Milch von den Bergwiesen der Hochebene Tremosine im Herzen des sich bis zu 2000 m aufragenden Parco Alto Garda Bresciano. Und zwar handelt es sich dabei um Milch vom braunen Bergvieh mit den hübschen Gesichtern, eine Rasse, die hier gezüchtet wird. Die 1980 gegründete Kooperative ist ein moderner Betrieb, wie ich feststelle, sogar ISO-zertifiziert. Fotovoltaik- und Solarstrom- sowie eine Biogasanlage sorgen für die nötige Energie. Und wie der Manager stammen auch alle 35 Mitarbeiter aus der Gegend.

Der Betrieb wächst stetig. Der moderne Hofladen mit Metzgerei – Fleischproduktion ist ein weiteres Standbein der Kooperative – ist ein wahres Schlemmerparadies und sehr beliebt bei Einheimischen wie bei Touristen. Dort gibt's natürlich die von der Alpe produzierten Käse zu kaufen wie den Rohmilchkäse Lattecrudo Tremosine und den Bergkäse Garda, aber auch Eiscreme, Fleisch und Salami aus Eigenproduktion sowie Spezialitäten aus der Parkregion. Sehr praktisch: Frische Milch und Joghurt kann ich direkt aus dem Automat abzapfen.

Den Käse von der Alpe hätte ich zwar auch auf dem Markt in Desenzano oder Salò kaufen können, aber was wäre mir dann entgangen! Zum einen die abenteuerliche Anfahrt auf die Hochebene mit faszinierenden Tiefblicken auf den See und zum anderen die herrliche Landschaft, die man beim Käseverkosten fast auf der Zunge spürt.

- **Fabio Vincentini empfiehlt**
  Tortei ai formaggi, die mit Käse von der Alpe gefüllten Tortelli aus frischer Pasta, kann man gleich nebenan in dem von der Alpe geführten Agriturismo probieren.
  Alpe del Garda **D2/3, > S. 86**
  Tremosine, Loc. Polzone
  Via Provinciale 1 | Tel. 0365 953050
  www.alpedelgarda.it | Tgl. 9–19 Uhr, Agriturismo Ostern–Ende Okt.

OLIVEN – DAS GOLD VOM GARDASEE

Alles natürlich – lautet das Credo von Stefano Beretta, und sein Hofladen Calvino Gusto Supremo ist eine Quelle kulinarischer Entdeckungen.

Im grünen Hügelland des Valtènesi ist Beretta aufgewachsen, und dorthin ist er nach 15 Jahren in Mailand wieder gern zurückgekehrt. Mit Oliven hat er 2001 angefangen, den Familienbetrieb im Landgut bei Padenghe umzubauen. In seiner neuerworbenen Ölmühle produziert er seither extra natives Öl – die höchste Qualitätsstufe – mit eigenen Oliven aus zertifiziertem biologischen Anbau. Beim Rundgang durch sein Reich erläutert Stefano stolz die Herstellung des nach Apfel und Mandeln duftenden Öls. Alles, was in seinem Laden in den Regalen steht, kommt vom Hof, bis auf die dicken Käselaibe Grano Padano und Parmigiano Reggiano, die in seinem »Käsekeller« bis zum Erreichen des gewünschten Reifegrads ein, zwei oder drei Jahre reifen. Auf einer Führung durch seinen Betrieb erklärt er den Unterschied zwischen den beiden bekannten Hartkäsen.

Stefanos Hofladen ist Entdecker- und Genießerland in einem. Während draußen die neuerworbenen Kaninchen übers Gras hoppeln, entdecke ich in den Regalen neben Olivenöl und Käse gut 40 Konfitüren, davon Gemüsekompositionen mit grünen Tomaten, Zichorie, Kürbis, Fenchel und Schalotten, ausgefallene Gelees von Rosen, Akazienblüten und Granatapfel sowie diverse Senfsorten und Pestos. Die Ideen für die hausgemachte Feinkost vom Hof kommen von der Großmutter und der Mutter, sie sollen fast verlorene Geschmacksnuancen wieder aufleben lassen. Solcherart Vielfalt, Naturbelassenheit und Qualität wird wertgeschätzt: Auch viele deutsche Kunden kommen hierher. Sein Laden ist ein schönes Beispiel, wie der Tourismus am Gardasee auch die Kreativität der Einheimischen im Hinterland fordert und befruchtet.

- **Stefano Berettas Bio-Olivenöl verkosten**
  Calvino Gusto Supremo **A7**
  Via Calvino 4 | Padenghe sul Garda
  Tel. 0309900451 | www.calvingusto.it
- **Stefano Beretta empfiehlt**
  Wohnen im Einklang mit der Natur in seinen Olivenhainen in den sanften Hügeln des Valtènesi.
  Agriturismo Il Podere degli Ulivi **A7**
  www.ilpoderedegliulivi.it

UNTERKUNFT

Von Frühstückspensionen bis zu Luxusherbergen, vom einfachen Privatzimmer bis zum komfortablen Apartment reicht das Angebot, das in der Hochsaison, vor allem aber im August an seine Grenzen stößt.

Es empfiehlt sich, einen Urlaub in der Hauptsaison Monate im Voraus zu buchen. 5-Sterne-Häuser sind rar gesät, doch auch in den niedrigeren Kategorien wird guter Komfort geboten. Die meisten Hotels in der mittleren und gehobenen Klasse sind mit Pool, Klimaanlage, Komma, WiFi/WLAN und Satelliten-TV ausgestattet und familiengerecht eingerichtet. Beschaulicher geht es im Hinterland zu. Im Umkreis von 3–15 km findet man auch preiswertere kleine Hotels und Pensionen.

Auf der gut gemachten Website www.gardasee.de lassen sich persönliche Wünsche filtern, so erhält man rasch eine guten Überblick und kann sofort buchen.

Ein guter Tipp sind »Agriturismi«, die Ferienwohnungen auf dem Land sind oft besser ausgestattet als die üblichen Bauernhofquartiere. Sie liegen meist nur wenige Kilometer vom See entfernt und zeichnen sich durch persönliche Atmosphäre und Privatheit aus. Auch einige Weingüter vermieten unter dem Agriturismo-Label erstklassige Ferienwohnungen mit Pool und regionaler Spitzenküche (www.agriturismo.it/de/bauernhof/garda_see).

Die Website www.lago-di-garda.org listet preisgünstigere Übernachtungsmöglichkeiten auf wie B&B und Frühstückspensionen.

HOTELS MIT FLAIR

- Ein modernes Juwel in den Hügeln über Arco ist das **Agriturismo Maso Bòtes** mitten im Olivenhain > S. 58.
- Die einmalige Lage an der Punta San Vigilio und die Exklusivität des Hotels ziehen die Reichen und Schönen in die **Locanda San Vigilio** > S. 68.
- **Villa Sostaga** – das Boutiquehotel hoch über dem Gardasee bei Gargnano ist ein Traum: stilvolle Zimmer, exzellentes Restaurant, spektakulärer Ausblick > S. 87.
- Seit mehr als 100 Jahren zählt das **Grand Hotel Gardone Riviera** zu den Top-Adressen > S. 92.
- Wer ein Faible für originelle Stile und Einrichtungen hat, ist in dem B&B **Il Maestro Chambre d'Hotes** am Stadtrand von Verona richtig > S. 144.
- Das mit wunderschönem Jugendstildekor ausgestattete **Hotel Laurin** in Salò lässt die Belle Époque wieder aufleben > S. 93.
- Luxus pur kann man im historischen **Palace Hotel Villa Cortine** in Sirmione genießen, zu dem ein bezaubernder Garten und ein Privatstrand gehören > S. 108.

In Sirmione erst die Scaligerburg besichtigen, danach ist Flanieren angesagt

LAND & LEUTE

STECKBRIEF

- **Lage:** 45,3° und 45,5° nördlicher Breite sowie 10,3° und 10,5° östlicher Länge
- **Länge:** 51,6 km
- **Maximale Breite:** 17,2 km
- **Umfang:** 158,4 km
- **Wasseroberfläche:** 368 km²
- **Tiefste Stelle:** 346 m
- **Durchschnittstiefe:** 136 m
- **Anwohner:** ca. 150 000
- **Landesvorwahl:** 0039

- **Währung:** EUR
- **Zeitzone:** MEZ

LAGE

Der größte See Italiens erstreckt sich von den Alpen bis zur Po-Ebene. Im Norden ist der See nur 4 km breit, im Süden über 17 km. Der See liegt 65 m über dem Meeresspiegel. Die Berge im nördlichen Abschnitt erreichen bis 2218 m, höchste Erhebung ist das Bergmassiv des Monte Baldo mit fünf Gipfeln über 2000 m.

POLITIK UND VERWALTUNG

Drei Provinzen teilen sich den Gardasee *(Lago di Garda)* untereinander auf: Der Norden mit den Städten Riva und Torbole gehört der Provinz Trentino an. Das Westufer von Limone bis Valtènesi und Teile des Südufers bis Desenzano und Sirmione gehören zur Provinz Brescia. Das Ostufer mit dem Monte Baldo und seinen touristischen Zentren Malcesine, Garda, Bardolino, Lazise und Peschiera del Garda wird von der Provinz Verona mit der gleichnamigen Provinzhauptstadt verwaltet.

Die drei Provinzen sind wiederum Teil von drei wichtigen Landesregionen Italiens: Das Trentino gehört zur Region Trentino-Alto Adige (Südtirol), Brescia zur Lombardei und Verona zur Region Veneto. Bis auf Südtirol mit seinem Sonderstatus besitzen die Regionen allerdings bei weitem nicht die föderale Struktur und Autonomie wie etwa die deutschen Bundesländer.

Direkt am Gardasee leben gut 150 000 Menschen, zusammen mit den Einwohnern der drei Regionen bilden sie eine starke Wirtschaftsmacht im Norden. Deshalb besitzt hier die rechtspopulistische *Lega Nord* – auch um den Gardasee herum – eine starke Anhängerschaft. Die Partei tritt vehement für die Abspaltung des wirtschaftlich erfolgreicheren Norditaliens vom armen Süden ein. Nach dem Ausscheiden ihres früheren Parteichefs Umberto Bossi aufgrund eines handfesten Finanzskandals, hat sich die Lega Nord von den anfänglichen starken Verlusten bei Parlamentswahlen wieder erholt und stellt nach der Wahl 2018 in Koalition mit der populistischen Fünf-Sterne-Bewegung sogar die Regierung Italiens; auf regionaler und kommunaler Ebene besetzt sie in der ganzen Region ohnehin einflussreiche Posten. In der Lombardei stellt sie auch den Regionalpräsidenten.

WIRTSCHAFT

Der Tourismus und die damit eng verbundenen Erwerbszweige sichern den meisten Anwohnern des Gardasees den Lebensunterhalt. Allein am Brescianer Teil des Gardasees stieg die Zahl der Touristenankünfte 2017 auf knapp 2 Mio. an, die Zahl der Übernachtungen auf etwa 7,6 Mio. Kein Wunder, dass sich vor allem am weiträumigeren Ost- und Südufer und im Valtènesi Hotel an Hotel und Campingplatz an Campingplatz reihen. Doch auch die einstigen Nobelorte der Brescianer Riviera drohen in der Saison aus allen Nähten zu platzen, und nur ein rigoroser Baustopp konnte verhindern, dass neben mittelalterlichen Kirchen gesichtslose Apartmenthäuser und Billigherbergen in den Himmel wachsen.

Glücklicherweise bewahrte das Hinterland bislang seine ländliche Struktur. Nur wenige Kilometer von den Ferienzentren entfernt, finden sich Weingüter, uralte Olivenhaine, Obst- und Gemüsepflanzungen sowie Weizen- und Maisfelder. Lediglich der Anbau von Südfrüchten wie Zitronen spielt mittlerweile eher eine folkloristische als eine wirtschaftliche Rolle. Während Verona ein bedeutendes Handelszentrum und Umschlagplatz ist, lebt die Provinz Brescia vor allem von der metallverarbeitenden Industrie.

DIE MENSCHEN

Die Bevölkerung des Gardasees bildet keine homogene Gruppe. Zu Beginn des Tourismusbooms in den 1950/60er-Jahren kam es zu einem starken Zuzug von arbeitsuchenden Süditalienern. In den letzten zwei Jahrzehnten haben sich auch viele Immigranten aus dem südlichen Mittelmeerraum angesiedelt. Besonders Marokkaner sind heute als Arbeitskräfte im Hotel- und Gaststättengewerbe nicht mehr wegzudenken. Viele Deutsche haben ihren Wohnsitz an den Lago verlegt.

Für den Warentransport in engen Gassen sind die kleinen Ape genial

GESCHICHTE IM ÜBERBLICK

Veneter, Räter und keltische Stämme bestimmten in den ersten zwei Jahrtausenden vor unserer Zeitrechnung die Geschicke, ehe die Römer in das Gardaseegebiet kamen.

191 v. Chr. Oberitalien wird zur römischen Provinz Gallia Cisalpina.

89 v. Chr. Verona erhält den Status einer römischen Kolonie.

59–49 v. Chr. Unter Caesars Statthalterschaft entwickelt sich Verona am Kreuzungspunkt strategisch bedeutsamer Verbindungsstraßen zu einem hochrangigen Handels- und Verwaltungszentrum.

395 n. Chr. Teilung des Römischen Reiches, Norditalien fällt an Westrom.

403 Die Westgoten unter Alarich belagern Verona.

452 Verona und die Po-Ebene werden von den Truppen des Hunnenkönigs Attila verwüstet.

476 Ende des Weströmischen Reiches. Der germanische Heerführer Odoaker erobert Italiens Norden.

493 Der König der Ostgoten, Theoderich der Große, besiegt Odoaker bei Ravenna.

568–773 Die Langobarden übernehmen die Macht in Oberitalien; Verona wird einer der bedeutendsten Bischofssitze.

774 Karl der Große erobert das Langobardenreich und gliedert es an das Frankenreich an; Karls Enkel Lothar I. regiert ab 817 in Italien.

911–962 Nach dem Ende der karolingischen Herrschaft reißen die sogenannten Nationalkönige, mächtige Provinzfürsten, die auch mit den Päpsten paktierten, die Macht in Italien an sich. Der deutsche König Otto I. erobert, zu Hilfe gerufen von Papst Johann XII., 962 erneut Oberitalien. Er lässt sich vom Papst zum Kaiser krönen und teilt Verona samt Gardasee Bayern zu.

Ende 10. Jh. Die reichen oberitalienischen Städte streben nach Autonomie von den kaiserlichen Beamten, es entstehen unabhängige Stadtrepubliken.

1163 Nach den vergeblichen Versuchen Friedrichs I. Barbarossa, über die lombardischen Städte Kontrolle zu erlangen, gründen diese die Veroneser Liga gegen den Kaiser, in der auch die Orte des Gardasees vertreten sind. Es kommt zur Bildung des lombardischen Bundes der oberitalienischen Städte, welcher sich mit der Veroneser Liga vereinigt.

1176 Die oberitalienischen Städte besiegen Friedrich I. Barbarossa bei Legnano. Im Frieden von Konstanz gesteht der Kaiser den Kommunen 1183 die Selbstverwaltung zu.

1236–1259 Ezzelino da Romano, Vertrauter Kaiser Friedrichs II., übernimmt die Herrschaft im durch Geschlechterfehden geschwächten Verona und erorbert 1258 Brescia.

1277–1387 Die Herrschaft der kaisertreuen Scaliger verschafft Verona und dem Gardaseegebiet einen wirtschaftlichen Aufschwung.

1387–1405 Die Mailänder Visconti erobern die Herrschaft über Verona und den Gardasee.
1405–1521 Venedig erobert Brescia, Verona und den Gardasee.
1796 Napoleon nimmt die Lombardei und Venetien ein. Im Jahr darauf fallen im Frieden von Campoformio das westliche Gardaseeufer an die von Napoleon gegründete Cisalpinische Republik, das Ostufer und Verona an Österreich.
1805 Österreich verliert die neuen Besitzungen an Napoleon. Venetien fällt an Italien, das Trentino und Südtirol an Bayern.
1814–1815 Nach Napoleons endgültigem Sturz spricht der Wiener Kongress die Lombardei und Venetien wieder Österreich zu.
1848–1866 Die italienische Einigungsbewegung (Risorgimento) drängt auch mit Waffengewalt auf ein Ende der österreichischen Herrschaft. Nach Niederlagen in Schlachten gegen eine italienisch-französische Armee muss Wien die Lombardei und Venetien an das 1861 gegründete Königreich Italien abtreten. Das Trentino mit Riva verbleibt bei Österreich.
1919 Nach dem Ersten Weltkrieg verliert Österreich im Frieden von Saint-Germain auch das nördliche Gardaseeufer, Trient und Südtirol.
1943–1945 Nach der Landung der Alliierten und dem Sturz Mussolinis zieht sich der faschistische Diktator an den Gardasee zurück und gründet die »Republik von Salò«.
1946 Italien wird Republik.
1996 Das Mitte-Links-Bündnis Ulivo gewinnt die Parlamentswahlen gegen Silvio Berlusconis geführte Koalition der Rechten.

Ministerpräsident Giuseppe Conte und Alt-Ministerpräsident Paolo Gentiloni

2001 9. Nachkriegsregierung, eine rechtskonservative Koalition aus Berlusconis Forza Italia, Allianza Nazionale und Lega Nord.
2006 Die Mitte-Links-Koalition unter Romano Prodi gewinnt knapp die Parlamentswahlen.
2008 Nach einem Zerwürfnis der Regierung Prodi wird Silvio Berlusconi zum dritten Mal zum Ministerpräsidenten gewählt.
2011 Am 11. November tritt Italiens umstrittener Ministerpräsident Silvio Berlusconi zurück.
2013 Die Provinz Trentino hat sich zum führenden High-Tech-Standort Italiens entwickelt.
2016 Ministerpräsident Matteo Renzi tritt nach einem gescheiterten Verfassungsreferendum zurück, Nachfolger ist Paolo Gentiloni.
2018 Drei Monate nach der Parlamentswahl im März bilden die beiden populistischen Parteien Fünf-Sterne-Bewegung und Lega die Regierung mit Giuseppe Conte als neuem Ministerpräsidenten.

NATUR & UMWELT

Der Gardasee und sein Umland hat eine einzigartige Fauna und Flora. Um diese zu schützen, wurden einige Naturschutzparks eingerichtet.

Besonders der Monte Baldo mit seinen drei Naturreservaten und der Colma di Malcesine sind weltweit einzigartige Biotope. Über 600 Blumen- und Pflanzenarten gedeihen hier: Orchideen, Trollblumen, aber auch Kerners Schmuckblume *(Callianthenum kernianum)*, die nur hier vorkommt. In den Wäldern finden Hasen und Füchse, in höheren Lagen auch Murmeltiere und weitere, vom Aussterben bedrohte Tierarten einen idealen Lebensraum. Die Hochgebirgslandschaft auf der Brescianer Seite unterliegt dank der strengen Statuten des Parco Regionale di Alto Brescia besonderem Schutz.

Entlang des Seeufers findet man, durch das milde Klima bedingt, eine Flora, die an südlichere Regionen erinnert: Agaven und Palmen gedeihen hier und auch andere Exoten wie Mimosen und Oleander.

Durch den Bau einer Ringkanalisation in den 1990er-Jahren ist die Wasserqualität heute hervorragend und das Baden im See nach den strengeren EU-Richtlinien unbedenklich. Auch um die Fischbestände muss man sich nicht sorgen: Neben den Gardaseeforellen tummeln sich Barsche, Schleien, Barben, Aale, Karpfen und v. a. Weißfische im See.

KUNST & KULTUR

PFAHLBAUTEN UND ANTIKE DENKMÄLER

Unter dem Einfluss keltischer Stämme, Etrusker, Römer, Ostgoten, Langobarden, Franken, Scaliger und Veneter ist hier eine der vielfältigsten Kulturlandschaften Europas entstanden. Wer sich auf prähistorische Spurensuche begibt, kann die **Felszeichnungen** am Monte Luppia › S. 67 oder die – im Museum dokumentierten – **Pfahlbauten** am Lago di Ledro › S. 58 erkunden. Architektonische Überreste aus der Römerzeit lassen die Antike lebendig werden, z. B. in der **Villa Romana** mit prächtigen Mosaiken in Desenzano del Garda › S. 101, in der **Thermenanlage** in Sirmione (Grotte di Catullo) › S. 105, insbesondere im **Archäologischen Park Brixia** und **Stadtmuseum Santa Guilia** in Brescia › S. 123 sowie in der **Arena di Verona** › S. 138.

KIRCHEN, PALÄSTE UND VILLEN

Auch für Liebhaber mittelalterlicher Kunst ist das Gardaseegebiet eine wahre Fundgrube: Schönste Beispiele der Romanik sind die Kirchen San Pietro in Mavino in Sirmione, Santa Maria in Cisano, San Severo in Bardolino, San

Der Dom in Salò ist das bedeutendste spätgotische Gotteshaus am Gardasee

Nicolò in Lazise sowie **San Zeno Maggiore** in Verona › S. 140, das in seiner Stilreinheit einzigartige Gotteshaus dieser Epoche in Oberitalien. Aus der Übergangszeit von der Romanik zur Gotik stammen der Palazzo del Comune und der Dom Santa Maria Matricolare, beide ebenfalls in Verona.

Der **Dom von Salò** › S. 92 und die Kirche **San Francesco** in Gargnano › S. 86 sind exemplarische Baukunstwerke der Hochgotik am See. Die Renaissance erlebte in Verona eine Hochblüte, Architekten wie Michele Sanmicheli und Fra Giocondo führten diesen Stil zu unerreichter Meisterschaft, wie das Portal des Domes von Salò, die Kirche San Giovanni Battista in Magugnano (Brenzone), Santa Maria dei Miracoli in Brescia und die Loggia del Consiglio in Verona eindrucksvoll beweisen.

Zu den wenigen Baudenkmälern des Barock zählen die Pfarrkirchen von Limone und Riva. Die Architektur des Historismus und des »Style Liberty«, der italienischen Spielart des Jugendstils, ist besonders eindrucksvoll im Kurort **Gardone Riviera** › S. 90 in seinen Hotelbauten und Villen vertreten.

KUNST UND MUSEEN

Viele Museen können mit kulturhistorischen Leckerbissen aufwarten: In Veronas **Museo di Castelvecchio** › S. 140 präsentiert sich die Malerelite der venezianischen und der Veroneser Schule, das **MAG Museo Alto Garda** präsentiert in seiner Zweigstelle, **La Galleria Civica,** in Arco eine große Bildersammlung von Giovanni Segantini › S. 57. Einzigartig ist das Stadtmuseum und Kloster **Santa Guilia** mit der langobardischen Basilika **San Salvatore** und das romanische Oratorium von **Santa Maria in Solario** › S. 123.

FESTE & VERANSTALTUNGEN

Die Zahl der Feste und Veranstaltungen am Gardasee wächst unentwegt. Im Mittelpunkt stehen Sport-, Spiel-, Genuss- und Weinevents, große und kleine Wettbewerbe, klangvolle Musikfestivals von Jazz bis Klassik an romantischen Orten sowie lokale Ortsfeste teils mit großem Feuerwerk. Die folgenden Events sind nur ein kleiner Ausschnitt aus dem riesigen Festkalender am Gardasee, genaue Termine gibt es bei den lokalen Tourist-Informationen und auf www.gardasee.de/veranstaltungen.

FESTKALENDER

Februar: Großer Karneval von Arco, der um den **Faschingssonntag** mit Umzügen und buntem Maskentreiben seinen Höhepunkt erreicht. **Festa dei Santi Faustina e Giovita** – zum Patronatsfest der beiden Heiligen findet am 15. Febr. im Stadtzentrum von Brescia ein großer Markt statt mit Prozessionen und Feuerwerk.

März: Festa di mezza quaresima in Limone: Etwa drei Wochen vor Ostern wird die Fastenzeit zur »Halbzeit« für einen Tag unterbrochen. Fleisch bleibt weiterhin tabu, dafür gibt es gratis frittierte Sardinen.

März/April: Karfreitagsprozessionen – in den Dörfern Castelletto di Brenzone und Biazza, südlich von Malcesine wird die Passionsgeschichte von Laienspielern in von Fackeln erleuchteten Olivenhainen dargestellt. Arco lädt an Ostern zum Konzertfestival **Pasqua Musicale Arcense.**

Mai: Autofans zieht es Mitte Mai nach Brescia, von hier startet das spektakuläre Rennen **Mille Miglia** mit mehreren Hundert Oldtimern (www.1000miglia.it). **San Filippo Neri** – mit einem Lichterfest am See und schwimmenden Kerzen ehren die Bewohner von Torri del Benaco am 26. Mai ihren Schutzheiligen. Ende Mai/Anfang Juni feiert Bardolino den **Palio del Chiaretto,** ein beliebtes Weinfest mit Umzügen und Degustationsständen an der Uferpromenade.

Juni: Von Anfang Juni bis Anfang August wird an wechselnden Orten der historische **Palio delle Bisse** ausgetragen, Ruderregatten, bei denen die Teams im Stehen rudern. Beim **Festa del nodo d'amore** Mitte Juni in Valeggio sul Mincio speisen 4000 Gäste an langen Tischen auf der Visconti-Brücke die lokale Spezialität: Liebesknoten-Tortellini › S. 113. Zum **Internationalen Triathlon** ruft Bardolino, ebenfalls Mitte Juni, auf.

Juli: Fisch steht drei Tage lang im Mittelpunkt der **Sardellata** Mitte Juli in Garda. In der zweiten Julihälfte lädt Riva del Garda zu **Musica Riva** ein, das Festival fördert die Begegnung junger Musiker und Sänger mit international anerkannten Künstlern (www.musicarivafestival.com). Malcesine schließt am 26. Juli die **Festa di Sant'Anna** zu Ehren der Schutzheiligen mit einem Riesenfeuerwerk ab.

Juli–August: Opernfestspiele in der Arena di Verona › S. 138. Von allen größeren Orten werden Bustouren inklusive Eintrittskarten angeboten. Viele Orte am See veranstalten im Juli und Aug. Sommerkonzerte in historischen Stätten unter freiem Himmel, so u. a. die Konzertreihe **Tener-a-mente** vor grandioser Kulisse im Amphitheater des Vittoriale in Gardone › S. 91, in der Burg von Malcesine › S. 62 und in Manerba › S. 96. Die beiden Hochsommermonate sind auch die Zeit der

Feuerwerksspektakel finden in den Sommermonaten rund um den See statt

Feuerwerksspektakel rund um den Lago, eine Übersicht mit aktuellen Terminen kann man unter www.gardasee.de/feuerwerke abrufen. Ende Juli/Anfang Aug. findet der musikalische Sommer **Estate Musicale** (www.estatemusicalefrentana.it) mit Klassikkonzerten in Salò statt. **Garda Jazz Festival** – Ende Juli bis Mitte Aug. – drei Wochen lang mitreißende Jazzkonzerte in Riva, Arco, Torbole und Nago (www.gardajazz.com). > **mehr S. 16 Punkt 27** Zum **Rock Master Festival** in Arco zieht es Kletterfreunde an jährlich wechselnden Terminen um den Monatswechsel herum > **S.28.**

August: Toscolano-Maderno ehrt den Stadtheiligen mit der **Festa di Sant'-Ercolano** am 11. Aug. mit einem Feuerwerk. Beim großen Ruderwettkampf **Palio delle contrade** am 15. Aug. in Garda messen sich die Bewohner der einzelnen Stadtteile. Ebenfalls an Ferragosto (Maria Himmelfahrt) erleuchten bei der **Notte d'Incanto** 1000 Lichter den Hafen von Desenzano del Garda. Ende Aug. feiert Salò mit Regatten und Feuerwerk sein **Festa dell'Ospite**. Bei der **Notte di Fiaba** (29.–31. Aug.) in Riva del Garda treten die Stadtteile gegeneinander an.

September: Bei der **Sagra dei Osei** in Cisano bei Bardolino am ersten Septemberwochenende pfeifen und tirilieren Sänger mit Singvögeln um die Wette. **Centomiglia,** die wichtigste Segelregatta am Lago, wird am zweiten Wochenende zwischen Torbole und Desenzano ausgerichtet. > **mehr S. 16 Punkt 30**

Oktober: Weinfreunde freuen sich schon auf das traditionelle Trauben- und Weinfest **Festa dell'uva** in Bardolino am ersten Wochenende des Monats. Am zweiten Wochenende starten in Limone Mountainbiker zum Internationalen **Bike-XTreme-**Wettkampf über den Tremalzo-Pass. Der **Gardaseemarathon** startet Mitte des Monats von Limone nach Malcesine.

November: In Bardolino wird das das **Festa del Novello,** des jungen Weins gefeiert, und in Brenzone trifft man sich Anfang des Monats zum Fest des neuen Olivenöls, **Festival dell´Olio nuovo.**

November/Dezember: Ende Nov. teils bis Anfang Jan. **Weihnachtsmärkte** u. a. in Arco, Riva, Bardolino, Garda und Verona.

ESSEN & TRINKEN

REGIONALE SPEZIALITÄTEN

Der Gardasee hat sich zu einer wahren Genussregion entwickelt. Wer sich die Mühe macht, ein wenig ins Hinterland vorzudringen, wird eine faszinierende kulinarische Landschaft mit hervorragenden regionalen Erzeugnissen entdecken, neben Gardaseeolivenöl z. B. Bergkäse von den Almen, schwarze Trüffel von Tignale oder vom Monte Baldo, Steinpilze, Salami von Montisola, *Südtiroler luganega* (Grillwurst) und handgefertigte Pasta.

Mit den Landschaften um den See wechselt auch die Küche. Spezialitäten der etwas deftigeren **Trentino-Küche** sind *carne salada* (gepökeltes und raffiniert gewürztes Rindfleisch), allerlei Knödel *(canederli)* und *strangolapreti* (Spinatgnocchi mit Butter und Salbei), außerdem Herzhaftes mit Speck und Schinken und im Herbst hausgemachte Pasta mit Pilzen. Spezialitäten der **Provinz Brescia** im Westen sind *casoncelli* (Ravioli mit einer würzigen Fleischfüllung), *spiedini alla bresciana* (über Holz langsam gegarte Fleischspieße mit Polenta), *tinca ripiena* (gefüllte Schleie aus dem Ofen), in Wein geschmorter *stinco di vitello* (Kalbshaxe) oder *cotoletta alla Milanese* (lombardisches Pendant des Wiener Schnitzels).

Die Reisanbaugebiete in der Poebene prägen die Küche am **Ost- und Südufer.** Schmackhafte *risotti* (Reisgerichte) in allen möglichen Variationen sind typisch für Venetien, z. B. *risotto con la tinca* (mit Schleien). Für seinen ausgezeichneten Spargel ist Cavaion Veronese im Hinterland von Bardolino bekannt. In Valeggio sul Mincio werden angeblich die besten Tortellinis Italiens mit diversen Füllungen, je nach Erntezeit, handgefertigt, z. B. mit Kürbis, Trüffel, Fisch, Geflügel oder im Herbst auch mit Wild.

Das alles verbindende kulinarische Element am Gardasee sind natürlich **Fischgerichte:** *Carpione,* der nur hier vorkommende, als Gardaseeforelle bezeichnete Lachsfisch ist in der Pfanne ausgebraten eine Köstlichkeit. Anders der *lavarello* (Blaufelchen, Renke): Der beliebteste Fisch am Lago wird meist gegrillt gegessen. Auch *carpa* (Karpfen) und *pesce persico* (Flussbarsch) sowie die *trota salmonata* (Lachsforelle) schmecken hervorragend. Köstlich munden auch *alborelle* (frittierte Sardinen). Typisch ist zudem *luccio in salsa* (Hecht in Sauce mit Polenta) und im Winter *baccalà alla gardesana* (Stockfisch auf Gardaseeart).

Hausgemachte Pasta frisch zubereitet und auf den Punkt al dente – köstlich!

DIE SPEISENFOLGE

Die gute Nachricht: Am Gardasee ist man es gewöhnt, dass Touristen statt des in Italien üblichen vier- bis fünfgängigen Menüs oft nur ein oder zwei Gerichte bestellen, z. B. *antipasti* (kalte oder warme Vorspeisen), oder nur ein *primo piatto* (Pasta oder Risotto) bzw. nur einen Hauptgang *(secondo piatto)*. Als Nachtisch *(dolci)* passt dann vielleicht noch ein *tiramisù* oder eine *torta al cioccolato con zabaione* – Schokoladentorte mit Zabaione.

Selbst in den unzähligen Pizzerien und einfachen Lokalen rund um den See muss das Gedeck mit Brot und Grissini fast immer mitbezahlt werden (zw. 1,50 und 3 €).

WEIN VOM GARDASEE

Um den Lago herum produzieren mindestens sieben Weinregionen ausgezeichnete, aber recht unterschiedliche Weine. Zu Fischgerichten empfiehlt sich der leicht moussierende Custoza, der südlich von Peschiera aus Trebbiano-Trauben kultiviert wird. Der ebenfalls trockene weiße Lugana stammt vom Süd- und Südwestufer des Sees. Die wohl bekanntesten Trinkweine sind der fruchtige Rosé Chiaretto und der rote Bardolino vom Ostufer. Gehaltvollere Rotweine werden im Valpolicella nördlich von Verona produziert, darunter der bekannte Amarone aus getrockneten Weinbeeren. › mehr S. 16 Punkt 32

Auf der Südwestseite des Lagos, im Valtènesi, trinkt man ebenfalls Chiaretto und als Rotwein den kräftigen Rosso oder den erdigen Groppello. Im Norden greifen Weinfreunde gern zu den sonnenverwöhnten roten Trentino-Weinen Marzemino und Teroldego. Ein hochwertiger, international bekannter Spumante in DOCG-Qualität wird in der Franciacorta zwischen Brescia und Iseo-See produziert. › mehr S. 14 Punkt 20

GAUMENGENÜSSE

- Eines der besten Fischlokale am Gardasee ist das **Restel de Fer** in Riva del Garda › S. 56.
- Aussicht und Ambiente im **Vecchia Malcesine** sind fantastisch, die Küche ebenfalls › S. 63.
- In der **Taverna dei Capitani** in Malcesine werden noch typische Gerichte zubereitet, so z. B. mit Fisch gefüllte Ravioli › S. 63.
- Das **Alla Fassa** D4 in Castelletto di Brenzone punktet mit Seeterrasse und Fischspezialitäten, www.ristoranteallafassa.com.
- Die Fischgerichte im **Alla Grotta** am Hafen in Lazise bereiten dem Gaumen viel Freude › S. 75.
- Familäres Ambiente und Spitzenküche zeichnet **La Tortuga** in Gargnano aus › S. 87.
- Das **Agriturismo del Gusto** bei Toscolano-Maderno hält was der Name verspricht: wunderbare Gaumenfreuden › S. 90.
- Junge frische Spitzenküche zeichnet die von Michelin-Testern empfohlene **Locanda 4 Cuochi** in Verona aus › S. 144.

Gargnano am Westufer besitzt viele Villen und Palazzi

TOUREN & SEHENSWERTES

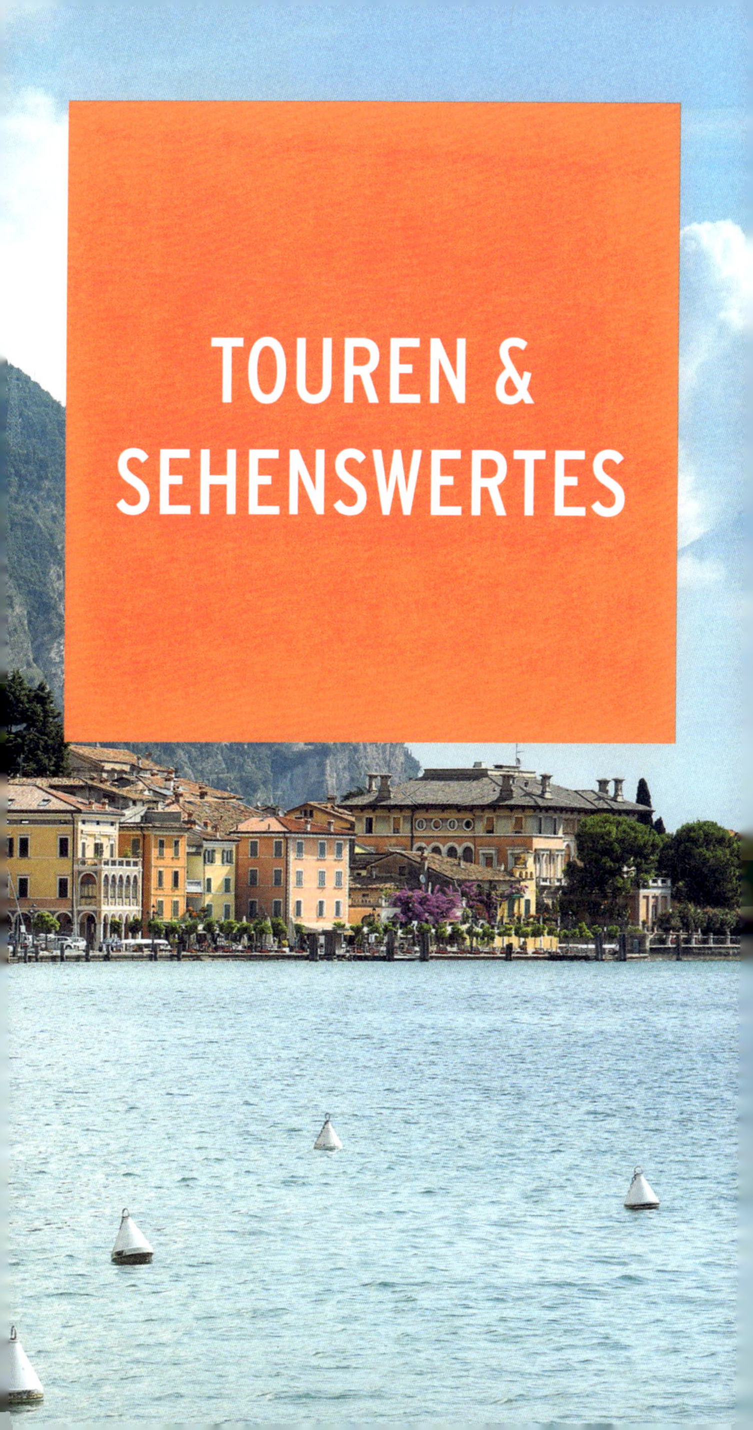

DAS NORD- UND OSTUFER

Malcesine mit den Alpen so nah im Hintergrund ist ein seltener Anblick

Das elegante Riva und sein Hinterland weisen noch viele Spuren der österreichischen Vergangenheit auf. Das Nordufer mit Arco und Torbole ist ein Hotspot für Aktivsportler. Am Ostufer reihen sich die gut besuchten Ferienorte.

Das **Nordufer** mit Riva del Garda, dem nahen Ledro-See und dem bergigen Hinterland ist Teil der Region Trentino-Alto Adige (Trentino-Südtirol). Das Ostufer des Sees von Malcesine bis Peschiera ganz im Süden gehört jedoch größtenteils zur Region Veneto. Die Österreicher, die bis 1919 Herren im Trentino waren, haben das Nordufer deutlich geprägt. Vor allem Riva del Garda und Arco strahlen noch etwas vom Charme der einstigen K.-u.-k.-Monarchie aus, sowohl in der Achitektur und Kunst, als auch in der Küche – im Gegensatz zu den Orten am Ostufer, die sich nach Verona bzw. Venedig hin orientierten.

Das unvergleichliche Panorama, wenn man von Nago hinunter ans Nordufer fährt, und der Ausblick auf die alpine Landschaft mit dem tiefblauen See im Vordergrund hat nicht nur Dichter Goethe seinerzeit bezaubert, ihm folgten weitere deutsche Dichter, Kunstschaffende und später Touristen. Vor allem aber ist der nördliche Abschnitt des Gardasees mit seinen schroffen Bergzügen, Klettersteigen und -wänden, sowie vielen Dutzenden MTB-, Bike- und Trekkingrouten heute ein Dorado für Aktivurlauber, das sich nahtlos am **Ostufer** fortsetzt. Dort setzte der 2200 m hohe, gut wanderbare Gebirgszug Monte Baldo der Besiedlung enge Grenzen, auch für üppige Badestrände ist an der schmalen Uferzone wenig Platz. Die Aktivitäten spielen sich daher vor allem auf dem Wasser ab. Dabei ist Torbole ein Hotspot für Surfer, Kiter und Segler, während Malcesine mit dem mächtigen Castello dank seiner Seilbahn auf den Monte Baldo neben Wassersportlern auch jede Menge Wanderer, Biker und Paraglider anzieht.

Ganz anders weiter südlich, dort, wo sich der Gardasee weitet, dominieren sanfte, von Reben und Olivenhainen bedeckte Hügel die Landschaft: An der »Riviera degli Olivi«, wie dieser Abschnitt des Ostufers genannt wird, locken quirlige Ferienorte wie Garda, Bardolino und Lazise viele Badeurlauber an ihre schönen Strände und an ihre von Palmen gesäumten Uferpromenaden. Wenige Autominuten hinter den Hügeln laden Weingüter und Ölmühlen zu Genusstouren ein. Die »Strada del Vino« mit ihren hübschen Weinorten reicht von Torri del Benaco bis nach Valeggio sul Mincio.

Beide Abschnitte des Ostufers verbindet die Uferstraße Gardesana Orientale, 1926 fertiggestellt. Sie ist nicht ganz so abenteuerlich wie das Pendant am Westufer, bietet aber die schöneren Panoramablicke – sozusagen als Entschädigung für die notorischen Verkehrsstaus auf dieser Strecke.

TOUREN IN DER REGION

TOUR 1

ARCO UND NATURIDYLL AM LEDRO-SEE

ROUTE: Riva del Garda › Arco › Varone-Wasserfall › Molina di Ledro › Pieve di Ledro › Riva

KARTE: Seite 52
DAUER: 1 Tag, 40 km
PRAKTISCHE HINWEISE:
Man kann die Tour mit dem Auto machen, der Weg zum Ledro-See ist aber auch eine Traumstrecke für Mountainbiker, die fahren allerdings nicht durch die neuen Tunnels zum See, sondern auf der abenteuerlichen alten Ponalestraße › S. 59.

TOUR-START:

Vom Zentrum in **Riva** 1 › S. 54 führt eine Straße direkt nach Arco. Auf halben Wege liegt der verführerische Genussmarkt Agraria Cantina Frantoio › S. 56, in dem es alles zu kaufen gibt, was in der Gegend erzeugt wird. Schon nach 3 km ist der Burgfelsen von **Arco** 3 › S. 57 zu sehen, der das mittelalterliche Städtchen überragt. Prächtige Villen, Palazzi, Gärten und Parks lohnen einen ausgiebigen Stadtbummel. Sie können aber auch auf den Spuren Rainer-Maria Rilkes wandeln und in einem kurzen Spaziergang den Burgberg erklimmen. Der Aufstieg wird mit einer grandiosen Aussicht und Blick auf den Colodri-Kletterfelsen belohnt. Kunstinteressierte sollten auf keinen Fall die Segantini-Dauerausstellung in der Städtischen Galerie versäumen. Von Arco fährt man Richtung Varone, der Weg zum Parkplatz des Parco Grotta Cascata Varone ist gut ausgeschildert. Durch die enge Klamm. die zum 100 m hohen **Varone-Wasserfall** › S. 58 führt, sollte man sich mit einem Regenumhang schützen.

Von hier fährt man Richtung Riva bzw. Limone bis zum Abzweig Lago di Ledro nach etwa 2 km. Dank der beiden neuen 1100 und 3700 m langen dunklen Tunnels ist die Strecke bequem befahrbar. Nach etlichen Kurven erreicht man nach 15 Minuten in **Molina di Ledro** 5 › S. 59 den grünblauen Bergsee. Sehenswert ist dort das Museo delle Palafitte mit Fundstücken der im See entdeckten Pfahlbausiedlung. Es lohnt sich den See am Nordufer entlang zu fahren bis **Pieve di Ledro** › S. 60 und das reizvolle Landschaftbild in sich aufzunehmen. Hier kann man baden, das kleine Apothekenmuseum ansehen, wandern und regionale Spezialiäten wie die violette Kartoffel genießen, z. B. im Ristorante Garden Hotel (Via Vittoria, Tel. 0464 59 10 33). Wer nicht die enge, kurvenreiche Straße am Südufer des Ledro-Sees entlang fahren möchte, fährt von Pieve di Ledro auf gleichem Weg zurück.

TOUR 2

TAGESWANDERUNG AUF DEM MONTE BALDO

ROUTE: Malcesine › Monte Baldo › Malcesine

KARTE: Seite 52
DAUER: 1 Tag, ca. 6,5 Std.
PRAKTISCHE HINWEISE:
Festes Schuhwerk ist unerlässlich. Genügend Getränke mitnehmen! Ungeübte können die Tour abkürzen, indem sie nur bis zur Bocca di Navene (ca. 45 Min.) oder zur Bocca di Creer (ca. 1,5 Std.) gehen.

TOUR-START:

Von der Talstation in **Malcesine** 7 › S. 62 fährt man mit der **Seilbahn** zur Bergstation an der **Bocca di Tratto Spino** (1720 m) hinauf. Hier wendet man sich nach Norden (links) und überquert die Almwiese der Colma di Malcesine, an deren Ende einem der See zu Füßen liegt – mit dem Blick auf die Berge des Trentino. Ein Pfad schwenkt nach rechts und führt hangabwärts auf die Schotterpiste zur **Bocca di Navene** (1425 m) mit dem gleichnamigen Gasthaus, die man nach ca. 45 Minuten von der Seilbahnstation aus erreicht. Der Wanderweg zur **Bocca di Creer** (1617 m) verläuft parallel zur Asphaltstraße. In weiteren 45 Minuten erreicht man das **Rifugio Graziani**, wo man einkehren kann. Von dort führt ein alter Fahrweg in Serpentinen in ca. 1 Std. hinauf zum **Monte Altissimo** (2079 m). Die Mühe des Aufstiegs wird mit einem unvergleichlichen Panorama belohnt, das man bei einer Stärkung im **Rifugio Damiano Chiesa** genießen kann.

Für den Rückweg geht man die Serpentinenstraße hinunter, bis man in der ersten Kurve rechts auf den Weg 651 (markiert) gelangt, der zur **Bocca di Navene** zurückführt. Von dort bietet sich die Schotterpiste hinauf zur Seilbahnstation als angenehmer Rückweg an.

TOUR 3

BEZAUBERNDE ORTE AM OSTUFER

ROUTE: Malcesine › Brenzone (Assenza, Castelletto) › Torri del Benaco › Punta San Vigilio › Garda › Bardolino › Lazise

KARTE: Seite 52
DAUER: 1 Tag, 70 km
PRAKTISCHE HINWEISE:
Vorzugsweise nimmt man für diese Tour das Auto. Alternativ kann man auch einen Weg mit dem Schiff und zurück mit dem Linienbus › S. 27 fahren, was jedoch einen größeren organisatorischen und zeitlichen Aufwand bedeutet. Fast durchgehend auf der gesamten Uferstrecke gilt ein Tempolimit von 50 km/h.

Madonna di Campiglio
Cologna
10km
Casc. d. Varone
Arco
START
Trentino
Pieve di Ledro
Riva del Garda
Adventure Park Busatte
M. Brione 376
Nago
Mezzolago
Lago di Ledro
Molina di Ledro
Torbole
Val d'Ampola
Val di Ledro
P.so d'Ampola
Dosso d. Croce 1869
Pre di Ledro
Biacesa
Storo
Darzo
Monte Tremalzo 1974
Lodrone
Bagolino
P.te Caffaro
Parco dell' Alto Garda Bresciano
Valle di Bondo
Limone sul Garda
Monte Altissimo 2079
Vesio
1425 Bocca di Navene
Bocca di Creer 1617
S. Antonio
Lago d'Idro
Anfo
Armo
Pieve
Tremosine
Voltino
Malcesine
1720 Bocca di Tratto Spino
Campione del Garda
Mad. d. Monte Castello
Vico
Capovalle
Tignale
Gardola
Idro
Lemprato
Cassone
Assenza
BALDO
Lago di Valvestino
Isola Trimelone
Lago d'Iseo
Muslone
Monte Maggiore 2200
Lombardia
Trento
Gargnano
Liano
Garda
Brenzone
Castelletto di Brenzone
Monte Spino 1486
Val di Sur
Valle Toscolano
MONTE
Madonna della Corona
1582 Monte Pizzocolo
Bogliaco
Gaino
Prada Alta
Spiazzi
Vobarno
Toscolano Maderno
S.Michele
Serniga
Giardino Botanico
Veneto
Monte S. Bartolomeo 568
Gardone Riviera
di
S. Zeno di Montagna
Monte Belpo 884
Torri d. Benaco
Albisano
Salò
Caprino Veronese
Dolcè
M. Luppia 418
S. Felice del Benaco
Isola del Garda
Costermano
Punta S. Vigilio
Garda
Rivoli Veronese
Pieve Vecchia
Rocca di Manerba
Eremo San Giorgio
Affi
Polpenazze del Garda
Valtènesi
Montinelle
Bardolino
Castrezzone
Manerba del Garda
Cavaion Veronese
Soiano del Lago
Cisano
Sant' Ambrogio di Valpolicella
Calmasino
Padenghe sul Garda
Moniga del Garda
Lago
S. Pietro in Cariano
Lazise
Adige (Etsch)
Aquardens
Sirmione
Maguzzano
Caneva World
Parco Natura Vita
Desenzano del Garda
Lonato
Sea Life
Gardaland
Rivoltella
Peschiera d. Garda
Palazzolo
Brescia
Castelnuovo del Garda
Verona
Castiglione d. Stiviere
Mincio
Pozzolengo
Mantova

TOUR-START:

In **Malcesine** 7 › S. 62 besichtigen Sie das bekannte Wahrzeichen, die mächtige Scaligerburg, die über dem Ort thront. Nach einem Stadtbummel fahren Sie am See entlang auf der Gardesana Orientale Richtung Süden. Etwa 5 km nach Malcesine erreichen Sie den ersten von insgesamt 16 Ortsteilen der Streugemeinde Brenzone: **Assenza** 9 › S. 64, in dem die Kirche San Nicola liegt. Sowohl hier als auch in der Friedhofskirche San Zeno im Ortsteil **Castelletto** 10 › S. 64 sind Freskenreste aus der Romanik zu sehen. Auf der Fahrt bieten sich viele schöne Ausblicke auf den See und auf das steile Westufer und seine Hochebenen.

Nach 10 km erreichen Sie **Torri del Benaco** 11 › S. 65, dessen Scaligerburg mit einem interessanten Museum aufwartet. Nur 3 km sind es von hier zu einem der bezauberndsten Orte am See, die **Punta San Vigilio** 15 › S. 67 auf einer schmalen Landzunge, ein ideales Plätzchen um zu verweilen und auf der Seeterrasse der Locanda San Vigilio ein Mittagessen einzunehmen, bevor es weiter ins quirlige **Garda** 16 › S. 68 geht mit seinen mittelalterlichen Gassen, Cafés am See und Geschäften.

Nach **Bardolino** 19 › S. 71 sind es von hier gerade mal 5 km, aber in der Sommersaison können diese mit dem Auto viel Zeit kosten. Wie

TOUREN AM NORD-, OST- UND WESTUFER

TOUR 1 › S. 50
ARCO UND NATURIDYLL AM LEDRO-SEE
Riva del Garda › Arco › Varone-Wasserfall › Molina di Ledro › Pieve di Ledro › Riva

TOUR 2 › S. 51
TAGESWANDERUNG AUF DEM MONTE BALDO
Malcesine › Monte Baldo › Malcesine

TOUR 3 › S. 51
BEZAUBERNDE ORTE AM OSTUFER
Malcesine › Brenzone › Torri del Benaco › Punta San Vigilo › Garda › Bardolino › Lazise

TOUR 4 › S. 80
AUF DER HOCHEBENE VON TREMOSINE
Campione › Pieve di Tremosine › Vesio › Limone sul Garda

TOUR 5 › S. 81
AUF DER GARDESANA OCCIDENTALE
Limone sul Garda › Gargnano › Toscolano-Maderno

TOUR 6 › S. 82
PER SCHIFF VON GARDONE ZUR INSEL GARDA
Gardone Riviera › Isola del Garda › Gardone Riviera

TOUR 7 › S. 83
AUF DER »STRADA DEI VINI E DEI SAPORI«
Salò › San Felice del Benaco › Manerba del Garda › Moniga del Garda › Padenghe sul Garda › Soiano del Lago › Polpenazze › Salò

überall am Ostufer ist auch die Altstadt von Bardolino autofrei, die Parkgebühren sind happig. Doch die bildschöne und lebhafte Altstadt von Bardolino, seine Kirchen und die gepflegte Seepromenade lohnen die Ausgabe allemal. Auch **Lazise** 23 › S. 74, die letzte Station dieser Tour, besitzt eine imposante Scaligerburg, die aber nicht besichtigt werden kann. Um so sehenswerter ist die mittelalterliche Altstadt. Von hier fährt man entweder auf dem gleichen Weg zurück oder weiter via Peschiera del Garda ans Südufer.

Falls der der Verkehr im Sommer zu dicht ist, kann man die Schnellstraße 450 nach **Affi** 21 › S. 73 nehmen und über Costermano hinunter nach Garda fahren bzw. in die entgegengesetzte Richtung mit fast nahtlosem Anschluss an die Schnellstraße nach Desenzano.

UNTERWEGS AM NORDUFER

RIVA DEL GARDA 1 E1

ALTSTADT VON RIVA 1

Tradition und Eleganz prägen das 17 200-Einwohner-Städtchen am Nordende des Sees, wo sich im tiefblauen See die steilen Ausläufer der Alpen spiegeln. Die Gegend, die schon Goethe als ein »Wunderwerk der Natur« beschrieb, lockte seit jeher Dichter und Denker, unter ihnen Stendhal, Nietzsche, Kafka und Thomas Mann, in die Stadt. Aber auch an Riva sind die Jahrhunderte nicht spurlos vorbeigegangen. Der mittelalterliche Kern wurde durch Umbauten und Erweiterungen verändert, glücklicherweise sind jedoch in der Altstadt sehenswerte historische Bauten erhalten.

Ausgangspunkt ist die **Piazza 3 Novembre,** die sich, von den steilen Wänden des Monte Rocchetta überragt (1540 m), zum See und Hafen hin öffnet. Auf der anderen Seite wird der Platz von Häusern im venezianisch-lombardischen Stil mit schattigen Laubengängen aus dem 14. Jh. und dem ursprünglich zur Stadtmauer gehörenden 34 m hohen Uhrturm **Torre Apponale** begrenzt. Zu diesem Ensemble gehört auch der **Palazzo Municipale** aus dem 15. Jh., der durch die Porta Bruciata mit dem **Palazzo Pretorio** aus dem 14. Jh. verbunden ist. Beide Fassaden zieren die Wappen der Bischöfe von Trient. Die Piazza hat sich zum Freiluftsalon der Stadt entwickelt; hier beginnt die Flaniermeile entlang des Sees und durch die schmalen Gässchen.

Durch die Via Andrea Maffei mit ihren alten Palästen gelangt man zur **Piazza delle Erbe** mit der hübschen Marktloggia und zur Piazza Garibaldi, wo man die Stadtburg **Rocca** erblickt. › mehr S. 15 Punkt 27 Das vom Wasser umschlossene Kastell stammt von 1124 und hat zahlreiche Umbauten durch die Scaliger, Venezianer und Tridentiner Bischö-

Die gepflegte Altstadt von Riva del Garda öffnet sich zum Hafen

fe hinter sich. Die Österreicher ließen es als Kaserne verkommen. Heute beherbergt der restaurierte Bau die Stadtbibliothek, ein Konzertsaal und das Stadtmuseum **MAG Museo Alto Garda,** in dem man u.a. prähistorische Funde aus den Pfahlbausiedlungen am Lago di Ledro › S. 58 besichtigen kann, während die Sammlung › S. 57 des in Arco geborenen Künstlers Giovanni Segantini (1558–1899) in dessen Geburtsort umgezogen ist (Piazza C. Battisti 3/A, Tel. 0464 57 38 69, www.museoaltogarda.it, Juni–Sept. Di–So 10–18, Nebensaison nur bis 17 Uhr).

Der Barockbau der Pfarrkirche **Santa Maria Assunta** (Piazza Cavour) stammt aus dem 18. Jh. Besonders beeindruckend ist die achteckige Cappella del Suffragio mit ihrem überbordenden Stuck (3. Kapelle rechts). Die **Chiesa dell' Inviolata,** zu der man durch das zinnengekrönte Stadttor San Michele am Ende der Viale Roma gelangt, wurde 1603 errichtet. Der Bau überrascht im Inneren mit barockem Formenreichtum.

INFO

Tourist Information

- Piazza Medaglie d'Oro 8 | Riva
  Tel. 0464 55 44 44 | www.gardatrentino.it

HOTELS

Lido Palace €€€
Traumhafte Lage in einem Park und nah an Rivas Altstadt sowie ein exklusives Spa zeichnen dieses Luxusresort aus.

- Viale Carducci 10 | Riva
  Tel. 0464 02 18 99 | www.lido-palace.it

Feeling Hotel Luise €€
Ein junges Hotel zum Wohlfühlen – modernes Design, up-to-date-Komfort, grandioses Frühstücksbüfett; WLAN und Fahrräder.

- Viale Rovereto 9 | Riva
  Tel. 0464 55 08 58 | www.hotelluise.com

Villa Maria Hotel Garni €–€€
Moderne und preisgünstige Zimmer und Wohnungen nahe der Altstadt.

• Viale del Tigli 19 | Riva
Tel. 0464 55 22 88 | www.garnimaria.com

RESTAURANTS

Restel de Fer €€€
Kleine aber exzellente Karte mit hervorragenden regionalen Genüssen.
• Via Restel de Fer 10 | Riva
Tel. 0464 55 34 81 | www.resteldefer.com
Mi geschl.

Al Volt €€
Im Keller eines Palazzo aus dem 17. Jh. tafelt man Fisch und Wildspezialitäten.
• Via Fiume 73 | Riva
Tel. 0464 55 25 70
www.ristorantealvolt.com | Mo geschl.

La Berlera €€
Zwischen Riva und Arco liegt das originelle, in einen Felsen eingebettete Lokal mit vorzüglicher italienischer Küche.
• Via Ceple 8/B | Riva
Tel. 0464 52 11 49 | www.laberlera.it

Leon d'Oro €€
In dem tradionellen Familienbetrieb wird exzellent klassisch italienisch gekocht. Behagliches Ambiente.
• Via Fiume 28 | Riva
Tel. 0464 55 23 41 | www.leondororiva.it

Ristorante Alpino €–€€
Regionale Küche, alles hausgemacht, dazu wenige, aber passende Weine.
• Via del Ferro 10 | Riva
Tel. 0464 55 22 45

Trattoria Piè di Castello €
Die seit über 100 Jahren von der Familie Benini geführte Trattoria ist berühmt für ihr **carne salada** (gepökeltes Fleisch) und ihre Pasta. > **mehr S. 14 Punkt 12**
• Via al Cingol Ros 38 | Cologna di Tenno (4 km nördl. von Riva) | Tel. 0464 52 10 65
www.piedicastello.it | Di geschl.

CAFÉS

Caffè Italia
Beliebter Treffpunkt bei jungen Leuten.
• Piazza Cavour 8 | Riva

Bar Pasticceria Maroni
Traditionsreiches Lokal, während der Saison häufig Livemusik.
• Via Santa Maria 2 | Riva

Bar Café Gelateria Flora
Die riesigen Eisbecher sind legendär.
• Viale Rovereto 54 | Riva

NIGHTLIFE

Rivabar
Mit exzellenten Drinks und Musik vom DJ ist die Bar ein beliebter Hotspot.
• Largo Medaglie D'Oro 1 | Riva
rivabar.it | tgl. 17.30–2 Uhr

Pub all'Oca
In-Lokal, in dem man den Tag auf dem Sofa gemütlich ausklingen lassen kann.
• Via S. Maria 9 | Riva | tgl. 17.30–2 Uhr

SHOPPING

Agraria Cantina Frantoio
Sehr gute Auswahl an lokalen Produkten wie Olivenöl u. a. von Erzeugern der Genossenschaft > **mehr S. 15 Punkt 19, S. 17 Punkt 34, S. 18 Punkt 40.**
• Loc. S. Nazzaro 4 (an der Hauptstraße von Riva nach Arco) | Riva
Tel. 0464 55 21 33 | www.agririva.it

Jeden 2. und 4. Mittwoch im Monat (8 bis 14 Uhr) großer **Kleidermarkt** in Riva entlang der Via Dante, Via Palati und Via Prati.

MONTE BRIONE 2 E1

Rivas Hausberg (376 m) ist schon wegen der Aussicht auf den See und den Monte Baldo eine Miniwanderung wert. Während der Berg sich nach Riva hin leicht abschüssig mit Olivenhainen präsentiert, bricht die nach Torbole zugewandte Seite fast senkrecht nach unten ab. Der Anstieg beginnt direkt neben dem Jachthafen von Riva. Neben dem Tunnel am Fuß des Berges führen Stufen hinauf zu einem geteerten Weg. Man nimmt aber den ausgeschilderten »Sentiero della Pace« (Friedenspfad), der gleich in der ersten Kurve der Straße abzweigt. Beim ca. einstündigen, bequemen Anstieg säumen eine Reihe von Bunkern den Weg, ab 1860 von den Österreichern errichtet. Von diesen Zeugnissen der kriegerischen Vergangenheit sollte man sich nicht allzu sehr beeindrucken lassen, sondern eher die herrlichen Ausblicke genießen. Der »Friedenspfad« endet an einem Fort, auf dessen Dach man steigen und dort picknicken kann. Wer Lust hat, geht noch die restlichen Meter auf einer asphaltierten Straße zur Spitze mit dem Fernmeldeturm hinauf oder läuft auf der Teerpiste, vorbei an Militärbauten und dem Hotel Benacus, hinunter zum Ausgangspunkt.

HINTERLAND VON RIVA

ARCO 3 ★2 E1

Das mittelalterliche Städtchen mit knapp 17 600 Einw., 6 km nördlich von Riva im Tal des Flusses Sarca gelegen, wird von einem 273 m hohen Felsen dominiert, auf dem die restaurierte Burganlage der Grafen von Arco thront. Albrecht Dürer hat sie 1495 in einem beeindruckenden Bild gemalt. Und Rainer-Maria Rilke widmete ihr gut 400 Jahre später seine ersten Gedichte, die ihm Arco mit der »Rilke-Promenade«, ein literarischer Spaziergang zur Burg, dankte. Von ganz oben hat man nicht nur einen tollen Blick auf den See, sondern auch auf die 300 m hohe Colodri-Wand, an der kühne Freeclimber ihrem Sport frönen.

Arco war dank seines milden Klimas gegen Ende des 19. Jhs. Wintersitz vieler Adliger. Erzherzog Albrecht von Habsburg ließ hier seine Winterresidenz errichten. Zwar kann man den Palazzo nicht, dafür aber seinen sehenswerten botanischen Garten **Parco Arciducale Arboreto** besichtigen (Sommer 8–19, Winter 9–16 Uhr, Eintritt frei).

Bei einem Bummel durch die Altstadt, die sich in einem Bogen *(arco)* um den Burgberg schmiegt, sind schöne Jugendstilvillen zu sehen. An der Piazza Tre Novembre sind der Dom **Santa Maria Assunta**, ein Bauwerk der Spätrenaissance, reich ausgestattet mit Gemälden aus dem 16.–18. Jh., sehenswert sowie der mit Fresken geschmückte **Palazzo Marchetti** aus dem 16. Jh. Die städtische **Galleria Civica G. Segantini** im Palazzo Panni n der Via Segantini zeigt Bilder des 1858 in Arco geborenen Künstlers (www.museoaltogarda.it, Mitte März bis Mitte Jan. Di–So 10–18 Uhr, Weihnachten geschl., 3 €).

Viele junge Leute besuchen Arco vor allem der sportlichen Aktivitäten wegen: Klettern und Mountainbiken. Höhepunkt ist der internationale Wettbewerb im Freeclimbing Rock Masters im Spätsommer.

INFO

Tourist Information

- Viale delle Palme 1 | Arco
  Tel. 0464 53 22 55
  www.gardatrentino.it

HOTEL

Agriturismo Maso Bòtes €€–€€€

Exklusives und stylisches Bauernhofdomizil in den Hügeln über Arco mit Weitblick auf den See.

- Loc. Olif de Bòtes, Strada Varignano Padaro | Arco | Tel. 0464 79 10 14
  www.agriturismomasobotes.it

Guesthouse Arco €–€€

Das erfrischend junge Guesthouse ist direkt an den Felsen gebaut und bietet moderne Ferienwohnungen.

- Via Fabbri 18 | Arco
  Tel. 335 524 13 12
  www.guesthouse-arco.com

RESTAURANT

Alla Lega €€

Im weinumrankten Innenhof eines Palazzo aus dem 16. Jh. wird traditionelle trentinische Küche serviert.

- Via Vergolano 8 | Arco
  Tel. 0464 51 62 05
  www.ristoranteallalega.com

AKTIVITÄTEN

MMove Scuola di Alpinismo

Unter sachkundiger Leitung können sich auch Anfänger dem Klettern nähern.

- www.mmove.net

VARONE-WASSERFALL 4 E1

Keine 4 km von Riva entfernt (westlich von Varone) stürzt das Wasser aus dem Tenno-See durch eine Felsenschlucht 98 m in die Tiefe. 4 mm bohrt sich die **Cascata del Varone** jedes Jahr tiefer in die Felsen – und das seit gut 20 000 Jahren: Die 55 m lange Klamm ist ein Naturschauspiel ersten Ranges. Der seit 1874 erschlossene Wasserfall ist von zwei Grotten aus zu besichtigen, Pullover und Regenschutz sollte man dabeihaben. › mehr S. 16 Punkt ㉕ Sehens-

PFÄHLE IM LEDRO-SEE

Jahrhundertelang ärgerten sich die Fischer über die seltsamen Holzpfähle im Ledro-See. Erst 1929, als aufgrund von Wasserbaumaßnahmen der Seespiegel abgesenkt werden musste, entdeckten man auf seinem Grund eine der bedeutendstens Pfahlbausiedlungen Europas aus der Bronzezeit. Im Lauf der Jahre wurden neben 10000 Pfählen zahlreiche Fundstücke wie Werkzeuge und Alltagsgegenstände ausgegraben, anhand derer das Leben vor 4000 Jahren rekonstruiert werden konnte.

Was nicht in die Hände von Schwarzgräbern fiel, kann man im **Museo delle Palafitte** › S. 59 in Molina di Ledro sehen, darunter ein aus einem einzigen Baumstamm gearbeitetes, mindestens 3600 Jahre altes Kanu.

Rekonstruktion eines Pfahlbaus im Museo delle Palafitte in Molina di Ledro

wert ist auch der angeschlossene botanische Garten, in dem man Hochgebirgs- und mediterrane Flora kennenlernen kann (www.cascata-varone.com, Mai–Aug. tgl. 9–19, April und Sept. bis 18, Winter 10–17 Uhr, 6 €).

VAL DI LEDRO D1

Um von Riva ins westlich gelegene Val di Ledro zu kommen, musste man bis 1989 die alte und abenteuerliche **Ponalestraße** benutzen, die heute für den motorisierten Verkehr gesperrt ist. › mehr S. 12 Punkt 4 Inzwischen erreicht man das Tal bequem von Riva aus über den Ortsteil Albola. Die Straße führt durch zwei lange Tunnel hinauf in das Tal. Landschaftlicher Höhepunkt ist hier der **Lago di Ledro,** der 2,8 km lang, 1 km breit und bis zu 48 m tief ist.

MOLINA DI LEDRO 5 ★ D1

In dem Örtchen in 638 m Höhe am Ostende des Ledro-Sees siedelten bereits um 1700 v. Chr. Menschen, wie der archäologische Sensationsfund von 1929 beweist, der die Forscher bis heute beschäftigt: ein prähistorisches Dorf im See, das auf einer Fläche von über 4000 m² auf 15000 Pfählen errichtet worden war. Das vor der Fundstelle erbaute **Museo delle Palafitte del Lago di Ledro** veranschaulicht das Leben der Pfahlbauer vor vier Jahrtausenden, die sich hauptsächlich vom Fischfang und der Jagd ernährten – innen in liebevoll gestalteten Schauräumen mit zahlreichen Exponaten (Museumsführer in Dt./Engl. erhältlich) als auch unter freiem Himmel mit der Rekonstruktion von drei schilfgedeckten Hütten. Sie wurden unmittelbar neben verblüffend gut erhaltenen Originalpfählen errichtet, die wie Überbleibsel aus der Steinzeit aus dem Wasser ragen (Via Lungolago 1, Tel. 0464 50 81 82, www.palafitteledro.it, Juli/Aug. tgl. 10–18, März–Juni und Sept.–Nov., Di–So 9–13, 14–17 Uhr).

Vom Molina di Ledro zieht sich die Uferstraße durch eine wahre Bilderbuchlandschaft nach **Pieve di Ledro** hin. Immer wieder ermöglichen Rastplätze den Rundblick auf die hinreißende Alpenszenerie oder verführen zu einem erfrischenden Sprung ins kristallklare Nass. Pieve mit seinen zwei Campingplätzen am See ist ideal für Familien und Aktivurlaub, von hier lassen sich reizvolle Ausflüge ins Valle di Ledro unternehmen.

INFO

Tourist Information

- Via Nuova 7 | Pieve di Ledro
  Tel. 0464 59 12 22
  www.valledilcdro.com

HOTEL/RESTAURANT

Ristorante Garden Hotel €–€€

Familiäres Hotel mit gemütlichem Restaurant und lokalen Spezialitäten, schönem Garten und Pool.

- Via Vittoria | Pieve di Ledro
  Tel. 0464 59 10 33
  www.gardenledro.it

TORBOLE SUL GARDA 6 E1

Torbole zieht dank seiner günstigen Winde Surfer aus aller Welt an und bietet ihnen eine perfekte Infrastruktur: von preisgünstigen Unterkünften und Sporthotels bis Outdoorläden, Surfschulen und Verleih von Surf- und Mountainbike-Ausrüstung. Auch das »Après-Surf« kommt hier dank zahlreicher Bars, Pubs und Discos nicht zu kurz.

An der **Casa Alberti** (Piazza Vittorio Veneto) im historischen Ortskern erinnert eine Gedenktafel an Goethes Aufenthalt hier am 12. September 1786. Die dem Schutzpatron der Fischer gewidmete Pfarrkirche **Sant'Andrea** (18. Jh.) wurde auf einem Hügel erbaut, den man über die Via Segantini erreicht. Die Kirche besitzt ein schönes Hochaltargemälde mit dem »Martyrium des hl. Andrea« von Giambettino Cignaroli (1706–1770).

Im nördlich vom Zentrum höhergelegenen Ortsteil Nago, in den man über die SS 240 gelangt, laden die Ruinen des **Castello Penede** mit einem herrlichen Blick zum Besuch ein.

Ab der vierten Juniwoche bis ca. Mitte Juli verwandeln sich Torbole und die umliegenden Orte für ein paar Wochen vom Dorado für Wassersportler zum weithin bekannten Jazz-Hotspot. Seit knapp 20 Jahren zieht das **Garda Jazz Festival** (www.gardajazz.com) Jahr für Jahr namhafte Musiker aus Italien und dem Ausland an. Stimmungsvolle Open-Air-Lokalitäten und die reizvolle Kulisse zwischen Malcesine und Riva machen das Festival zu einem Erlebnis. Neben dem offiziellen Konzertprogramm stimuliert das legere Ambiente die Musiker auch zu spontanen Sessions und Free Jazz in Bars, Cafés, auf der Straße und am Strand.

INFO

Tourist Information

- Lungolago Verona 19 | Torbole
  Tel. 0464 50 51 77 | www.gardatrentino.it

HOTELS

Lido Blu €€€
Komfortable Strandadresse, für die Bedürfnisse der Surfgäste gut ausgestattet. Mit Beach-Restaurant und Bar.
- Via Sarca Vecchio 39 | Torbole
  Tel. 0464 50 51 80 | www.lidoblu.it

Villa Verde €–€€
Das familiär geführte und ruhige Hotel am Flüsschen Sarca bietet auch Familien mit Kindern guten Komfort.
- Via Sarca Vecchio 15 | Torbole
  Tel. 0464 50 52 74
  www.hotel-villaverde.it

Garni Villa Clara €
Gemütliche Unterkunft für preisbewusste Gäste, speziell auch Motorradfahrer sind hier gern gesehen.
- Via Matteotti 92 | Torbole
  Tel. 0464 50 51 41 | www.villaclara.it

RESTAURANTS

La Terrazza €€€
Prima traditionell zubereiteter Fisch.
- Via Benaco 24 | Torbole
  Tel. 0464 50 60 83
  www.allaterrazza.com | Di geschl.

Piccolo Mondo €€€
Exzellente Trentiner Küche; die Spezialität des Hauses ist ein Menü, das nur aus Äpfeln besteht.
- Via Matteotti 108 | Torbole
  Tel. 0464 50 52 71
  www.hotelpiccolomondotorbole.it

Al Pescatore €€
Nicht nur Fisch, auch die Pizzen sind hier zu empfehlen.
- Via Segantini 11 | Torbole
  Tel. 0464 54 82 88 | tgl. 17–22.30 Uhr

Surfer's Grill €€
Seit Jahrzehnten treffen sich Surfer bei der Wirtin Chiara.
- Via Sarca Vecchio 5 | Torbole
  Tel. 0464 50 59 30
  www.surfersgrill.it | Mo geschl.

Rosticceria Pic Nic €
Wer sich etwas Leckeres an den Strand mitnehmen möchte, ist hier richtig.
- Via Matteotti 71 | Torbole

NIGHTLIFE

Beach Bar Conca d'Oro
Disco-Pub am Jachthafen mit Terrasse, ideal für »Après-Surf«. Auch tagsüber kleine Gerichte.
- Lungolago Verona 2 | Torbole
  Tel. 0464 50 50 45 | tgl. ab 7 Uhr

Wind's Bar
Angesagte Bar und Hotspot der Surfszene.
- Via Matteotti 9 | Torbole
  tgl. 8–2 Uhr, im Winter geschl.

Der Norden ist das Revier der Windsurfer

UNTERWEGS AM OSTUFER

MALCESINE 7 E3

Der Ort am Ostufer lebt fast ausschließlich vom Fremdenverkehr. Dank seiner Lage und der reizvollen Altstadt gehört er zu den beliebtesten Zielen am Gardasee. In den Sommermonaten wird es ganz schön eng in den Gassen. Im Frühjahr und Herbst kann man den Charme des geschichtsträchtigen Städtchens mehr in Muße auf sich wirken lassen.

Die Scaliger › S. 74, die wie die Mailänder Visconti und die Venezianer Malcesine in ihrem Besitz hatten, hinterließen mit der imposanten, auf einem Kalkfelsen errichteten **Scaligerburg** 3 (13./14. Jh.) mit dem 33 m hohen Turm, ein Wahrzeichen, das schon Goethe faszinierte – und ihn fast den Kopf gekostet hätte. Hingerissen vom Anblick der Zinnen, zückte er seinen Zeichenblock. Prompt hielt man ihn unter dem Verdacht fest, ein Spion der feindlichen Österreicher zu sein. Zum Glück aber war einem der Einheimischen sein Name ein Begriff, und so wurde er wieder freigelassen.

Die Burganlage, die man vom Ortskern in wenigen Minuten erreicht, umfasst einen unteren und einen oberen Palazzo sowie drei Innenhöfe. In der ehemaligen Pulverkammer im zweiten Hof zeigt ein kleines **Goethe-Museum** u. a. jene Skizzen, die den Dichter spionageverdächtig gemacht hatten. Die Burg beherbergt ferner das Doppelmuseum **Museo del Garda e del Baldo** mit einer Dokumentation von Flora und Fauna der Umgebung sowie des kühnen Schiffstransports der Venezianer über Land 1439 › S. 113 (April–Okt. 9.30 bis 19.30, im Winter nur Sa/So/Fei 11–16 Uhr, 6 €, Kinder 3 €).

Der am Hafen gelegene **Palazzo dei Capitani** (16. Jh.) mit Palmengarten war einst Sitz der venezianischen Gouverneure. Die Eingangshalle schmückt ein Fresko (1672) mit der Burg von Malcesine. Den Ratssaal (leider häufig geschl.) zieren die Wappen der Statthalter und eine kostbare alte Holzdecke. In der Pfarrkirche **Santo Stefano** (18. Jh.) ist eine Pietà (16. Jh.) zu bewundern, die der Veroneser Künstler Girolamo dai Libri (um 1474–1555) schuf.

Im Hafen des Ortsteils Cassone zeigt das **Museo del Lago** (Seemuseum) Fischereiobjekte und Fotografien alter Segelschiffe (Di–So 10–12, 15–18 Uhr, Winter nur So).

INFO

Tourist Information

- Via Capitanato del Porto 6–8
  Malcesine | Tel. 045 740 00 44
  www.malcesine.de

HOTELS

Maximilian €€€

Das Hotel liegt ruhig in einer kleinen Bucht in Val di Sogno, 30 Gehminuten vom Zentrum, schöner Garten, Pool und hervorragendes Essen.

Die Scaligerburg in Malcesine ist das Gardaseemotiv schlechthin

- Via Val di Sogno 6 | Malcesine
  Tel. 045 740 03 17
  www.hotelmaximilian.com

Hotel Europa €€–€€€
Schönes, familiengeführtes Haus mit Strand vor der Tür und sehr gutem Ristorante al Pontile.

- Malcesine | Tel. 045 740 00 22
  www.europa-hotel.net

Casa Barca €–€€€
Das modern designte Wellness- und Boutiquehotel mit Pool und Seeblick ist eine Wohlfühloase. Ca. 10 Gehminuten von der Altstadt entfernt.

- Via Panoramica 15 | Malcesine
  Tel. 045 740 08 42 | www.casabarca.com

RESTAURANTS

Ristorante Re Lear €€€
Feinschmecker schätzen die außergewöhnlich kreative Gourmetküche.

- Piazza Cavour 23 | Malcesine
  Tel. 045 740 06 16 | Di geschl.

Vecchia Malcesine €€€
Eins der besten Lokale am See mit fantastischer Aussicht.

- Via Pisort 6 | Malcesine
  Tel. 045 740 04 69
  www.vecchiamalcesine.com
  Mi und mittags geschl.

Al Corsaro €€
Schöne Lage mit Seeblick, exzellentes Seafood, saisonale Spezialitäten.

- Via Paina 17 | Malcesine
  Tel. 045 658 40 64 | www.alcorsaro.it

Taverna dei Capitani €€
In einem stimmungsvollen Gewölbe genießt man Fischspezialitäten und traditionelle Gerichte. > **mehr S. 14 Punkt 11**

- Via Porto Vecchio 6 | Malcesine
  Tel. 045 740 00 05

SHOPPING

Sapori del Baldo
Eine große Auswahl an Käsen vom Monte Baldo und Weine gibt es in dem neu er-

Wandern auf dem Monte Baldo eröffnet traumhafte Aussichten

öffneten Geschäft der Cooperazione Trentina.

- Via Navene 11 | Malcesine
  Di–So 9–13, Di–Sa auch 15.30–19.30 Uhr

Consorzio Olivicoltori

Feine Olivenöle und -produkte.

- Via Navene Vecchia 21 | Malcesine
  www.oliomalcesine.it

AKTIVITÄTEN

Für Mountainbikefans veranstaltet **Stickl Sportcamp** Bike-Trekking > S. 30. Stickl ist zugleich die älteste Surfschule Italiens und besitzt in Malcesine mit der **Villa Orizzonte** (www.stickl.com, www.hotelvillaorizzonte.com) sogar ein eigenes Sporthotel.

MONTE BALDO 8 4 E3/4

Die Fahrt mit der Seilbahn von Malcesine auf den Monte Baldo sollte man sich nicht entgehen lassen. Die ultramoderne Seilbahn bringt einen in zwei Etappen von 90 auf 1760 m. Sie ist barrierefrei und transportiert auch Bikes und Paraglider. Restaurants an der Mittel- und an der Bergstation sorgen für das leibliche Wohl (Sommersaison 8–19, Nebensaison bis 17/18 Uhr, Nov.–Ende März geschl., Onlinetickets: funiviedelbaldo.it/de/, einfache Fahrt 15 €, Retourticket 22 €).

Nicht versäumen sollte man den in 1200 m Höhe liebevoll angelegten botanischen Garten (beim Rifugio Novezzina), wo auf einer Fläche von mehr als 2 ha rund 600 Arten von Alpenblumen wachsen.

ASSENZA 9 D3

Die Orte **Assenza** und **Castelletto** gehören zur Streugemeinde Brenzone. Von Malcesine aus erreicht man über die Gardesana, etwa 5 km südwärts, zuerst Assenza. Hier erhebt sich am baumbestandenen Hauptplatz die Kirche **San Nicola di Bari.** Der Kirchenbau geht auf das 14. Jh. zurück und beherbergt ein Abendmahlfresko, das romanische, frühgotische und byzantinische Stilelemente vereint, ein typisches Merkmal für die Kunst Veronas zu Beginn des 14. Jh.

CASTELLETTO DI BRENZONE 10 D4

In Richtung Süden weiterfahrend erreicht man nach etwa 5 km Castelletto mit seinem bunten Hafen. Am Friedhof der Gemeinde, knapp

1 km hinter dem Ortszentrum an der Gardesana, wurde im 11./12. Jh. die kleine Kirche **San Zeno de l'Oselet** errichtet. Der Beiname »zum Vögelchen« leitet sich von dem Wetterhahn auf der Kirche her. Die Architektur dieses ältesten, noch erhaltenen Sakralbaus am Ostufer ist ein Sonderfall: Das Langhaus wird durch eine Reihe aus Säulen und Pfeilern in zwei Schiffe geteilt, der Kirchenchor weist ungewöhnliche drei Apsiden auf. Die hier erhaltenen Reste von Freskenmalereien mit Apostelfiguren und anderen Heiligen ähneln dem Abendmahlsfresko in San Nicola, wahrscheinlich stammen sie vom selben Künstler.

TORRI DEL BENACO 11 C5

Der Name des Ortes weist auf den alten Namen des Gardasees (Lacus Benacus) hin. Dominiert wird das Bild des noch nicht so überlaufenen charmanten Hafenstädtchens von der **Scaligerburg** aus dem 14. Jh., die auf den Grundmauern eines römischen Kastells errichtet wurde. Die restaurierte Burg beherbergt das interessante **Museo del Castello Scaligero** (Juni–Mitte Sept. 9.30 bis 13, 16.30–19.30, April/Mai, Mitte Sept.-Okt. 9.30–12.30, 14.30 bis 18 Uhr, 5 €, Kinder 3 €). Anschaulich dokumentiert es die Binnenfischerei, die Olivenverarbeitung früher und heute sowie die prähistorischen Felszeichnungen vom nahen Monte Luppia › S. 67.

DIE SCHÖNSTEN MÄRKTE

- Absolut im Trend liegen die Vintage-Märkte, die mehrmals im Jahr in diversen Orten am Lago stattfinden – die beiden beliebtesten: **Valeggio veste il Vintage** in **Vallegio sul Mincio** › S. 112 und **Mercato Vintage in Gardone** › S. 90. Angeboten werden Mode, Design und Accessoires. www.eventiesagre.it
- Die beiden größten **Wochenmärkte** finden dienstags in **Desenzano** › S. 101 und samstags in **Salò** › S. 92 statt, doch der schönste baut freitags in **Garda** › S. 68 seine Stände auf. Alle Wochenmarkttermine › S. 154.
- Reizvolle **Antik- und Flohmärkte** in der Seeregion gibt es jeden 1. So im Monat in **Desenzano** › S. 101 (außer im Aug. und Jan.), am 3. Sa in **Arco** › S. 57 und am 3. So in **Bardolino** › S. 71 und **Lonato** › S. 103 sowie am 4. So in **Valeggio sul Mincio** › S. 112.
- In **Brescia** › S. 127 kann man jeden 2. So unter den Bogengängen der Piazza della Vittoria nach Schnäppchen jagen.
- Beim **Mercato** in **Verona** breiten die Händler ihre Schätze jeden 3. Sa im Monat von 8–17 Uhr auf der Piazza San Zeno aus › S. 144. Anspruchsvoller ist der Markt **Verona Antiquaria** jeden 1. So von 8–17/18 Uhr rund um San Zeno mit ca. 200 Händlern.

An der Südmauer der Burg ist eines der ältesten **Zitronengewächshäuser** *(limonaie)* des Sees auch heute noch in Betrieb, bei Nordwind weht oft ein frischer Zitronenduft über den Parkplatz.

Mittelalterliche Fassaden umgeben die **Piazza Calderini** am kleinen Hafen. Hier liegt das Hotel **Gardesana,** das schon viele prominente Gäste beherbergte, unter anderem Ex-Bundespräsident Horst Köhler und den früheren spanischen König Juan Carlos. Der ehemalige Ratssaal dient heute als Speisesaal des Hotels. Am Nordrand der Altstadt liegt die Barockkirche **SS. Pietro e Paolo,** die zu Beginn des 18. Jhs. errichtet wurde.

INFO

Tourist Information

- Via Fratelli Lavanda 22
  Torri del Benaco | Tel. 045 722 51 20
  www.torridelbenaco.it

AUTOFÄHRE

Von Torri verkehrt im 35-Min.-Takt die Autofähre nach Toscolano-Maderno am Westufer (Fußgänger einf. 6,50 €, Auto über 4,50 m Länge inkl. Fahrer 12,90 €).

- Im Sommer: 8.30–20.25 Uhr, im Winter weniger häufig, 8.55–18.35 Uhr
  www.navigazionelaghi.it

HOTEL/RESTAURANTS

Gardesana €€

Traditionsreiches Haus direkt am Hafen mit exzellentem Restaurant, das als Spezialität z. B. Barschfilets vom See mit Butter und Thymian anbietet.

- Piazza Calderini 5 | Torri del Benaco
  Tel. 045 722 54 11 | www.gardesana.eu

Osteria del 4 €€

Alles kommt frisch und kreativ zubereitet auf den Tisch, wunderbare Seeterrasse.

- Lungolago Vittorio Veneto 4
  Torri del Benaco | Tel. 045 629 64 32
  www.osteriadel4.it

AUSFLÜGE VON TORRI DEL BENACO

ZUR PRADA ALTA

Von Torri del Benaco führt eine kurvenreiche Straße 4 km den Monte Baldo hinauf, zum beschaulichen Luftkurort **San Zeno di Montagna** 12 D5 mit preisgünstigen Hotels, Pensionen und Genuss-Shopping z. B. in der Salumi Lenotti (Via la Schena 2) mit Salami von lokalen Weiderindern. Wer dem Trubel am See entfliehen möchte, ist hier richtig. Die Fahrt lohnt sich aber auch schon deshalb, weil auf halbem Weg zwischen Castion Veronese und San Zeno direkt an der Straße das Restaurant **La Casa degli Spiriti** liegt. Küche und Service haben wohl etwas nachgelassen, aber die Aussicht ist absolut spektakulär (Via Monte Baldo 28, Costermano, Tel. 045 620 07 66, www.casadeglispiriti.it, tgl. 12–14.30, 19–22.30 Uhr, im Winter Mi geschl., €€€).

Von San Zeno geht es über eine steile Straße mit schönen Ausblicken in ca. 30 Min. bis auf 1000 m in die Hochebene mit dem Bergort **Prada Alta** 13 D5, ein idealer Ausgangsort für Wanderungen. Von Prada gibt es eine Steh-/Sesselliftverbindung auf den Monte Baldo, während die Seilbahn Prada-

Das Hafenstädtchen Torri del Benaco ist nicht so überlaufen

Costabelle bis zur Hütte Malga Prada wohl erst 2019/20 wieder in Betrieb geht.

MONTE LUPPIA 14 ★ C6

Im Jahr 1964 entdeckte man auf dem 418 m hohen Berg die ersten **Felszeichnungen** aus der Bronzezeit. Seither wurden im Gebiet zwischen Malcesine und Garda mehr als 250 gravierte Felsen mit rund 3000 Zeichnungen registriert. Die berühmtesten Felsen auf dem Monte Luppia heißen **Pietra delle Griselle** (mit zahlreichen eingeritzten, bewaffneten Menschen) und **Pietra dei Cavalieri** (mit Reiterbildnissen). Zu erreichen sind diese prähistorischen Zeugnisse von Torri del Benaco über die Straße nach Albisano. In der letzten weiten Kurve vor Albisano zweigt die Strada dei Castei, die alte Verbindung von Torri nach Garda, nach Süden ab, hinter der Ca'Bianca breitet sich die Felsenlandschaft aus, wo Jäger und Hirten auf ihrem Weg zu den Weiden des Monte Baldo ihre Bilder in den Stein ritzten. Sachkundige Führungen zu den Felsbildern werden vom Museumspersonal der Scaligerburg in Torri del Benaco angeboten (Tel. 045 629 61 11). > mehr S. 15 Punkt 22

Vom Kirchplatz in **Albisano** (310 m Seehöhe, Abzweigung nach links bei der Ampel in Torri del Benaco) bietet sich einer der schönsten Ausblicke auf den See. Der Dichter Gabriele d'Annunzio nannte diesen Punkt einmal »Balcone del Garda«. > mehr S. 15 Punkt 21

PUNTA SAN VIGILIO 15 ★5 C6

Die schmale Landzunge, ein Ausläufer des Monte Baldo zwischen der **Baia delle Sirene**, der Sirenenbucht, im Norden und der **Bucht**

von Garda im Süden zählt zu den bezauberndsten Orten am Gardasee. Bereits im 16. Jh. bezeichnete der Philosoph und Rechtsgelehrte Agostino di Brenzone die Punta San Vigilio als »schönsten Ort der Welt«. Der Renaissance-Patrizier ließ sich auf dem von der Natur so reich beschenkten Halbinselchen von dem berühmten Architekten Michele Sanmicheli inmitten einer prächtigen Parklandschaft die **Villa San Vigilio** errichten, die sich noch heute in Privatbesitz der gräflichen Familie Brenzone befindet und daher nicht besichtigt werden kann.

Vom Park aus, den man über eine Zypressenallee betritt, kann man jedoch einen Blick auf diesen Renaissancetraum werfen. Und wer die paar Schritte nach unten zur **Locanda San Vigilio** weitergeht, kann von der Restaurantterrasse um den Minihafen herum bei einem Drink oder Snack den Zauber dieses Ortes auf sich wirken lassen. Der Zugang zum Park ist frei, auf dem Weg zur Locanda zweigt nach rechts der Weg zum **Parco Baia delle Sirene** ab, einem der schönsten Strände am Gardasee (Juni–Aug. 9.30–20 Uhr, ganztägig 12 €, erm. 6 €). › mehr S. 16 Punkt 26

HOTEL UND RESTAURANT

Locanda San Vigilio €€€

Top-Adresse für Genießer und zugleich ein 4-Sterne-Hotel, in dem schon Winston Churchill und Prince Charles wohnten.

- Punta San Vigilio | Tel. 045 725 66 88 www.locanda-sanvigilio.it

GARDA 16 C6

Mittelalterliche, verwinkelte Gässchen und eine schöne Seepromenade, die zum Flanieren und zur Einkehr in eines der Cafés einlädt – das

Der romantischste Ort am Gardasee ist fraglos Punta San Vigilio mit der Locanda

ist es, was Touristen am Städtchen Garda mit seinen 3600 Einwohneren so schätzen. Modische Boutiquen und teure Schlemmerlokale machen Garda allerdings nicht eben zu einem billigen Pflaster.

Die **Rocca di Garda,** ein 294 m hohes Felsplateau, überragt den Ort. Der Gotenkönig Theoderich ließ obenauf im 5. Jh. ein Kastell errichten, von dem noch Mauerreste zeugen. In der Geschichte Italiens spielte die Burg eine dramatische Rolle. Adelheid, Witwe des ermordeten Königs Lothar, wurde hier festgehalten, ehe ihr die Flucht über den See gelang, und sie dann 951 König Otto den Großen heiratete.

Der Ort, der dem Gardasee seinen Namen gab, ist reich an stattlichen Palazzi und repräsentativen Adelsvillen, die allerdings allesamt in Privatbesitz und deshalb nur von außen anzuschauen sind. Der schönste, der **Palazzo dei Capitani** mit seinen gotischen Spitzbogenfenstern, schmückt die Seepromenade an der Piazza Catullo, dem besten Ort zum Flanieren. Durch die Architektur der Palazzi, etwa des **Palazzo Fregoso,** fühlt man sich nach Venedig versetzt.

Die Pfarrkirche **Santa Maria Maggiore** auf dem Piazzale Roma außerhalb der Altstadt kann mit einem Kreuzgang aus dem 15. Jh. aufwarten.

INFO

Tourist Information

- Piazza Donatori di Sangue 1 | Garda
  Tel. 045 627 03 84
  www.visitgarda.com

HOTELS

Excelsior le Terrazze €€–€€€

Modernes Wohlfühlhaus, wenige Minuten vom See und Ort, tolles Seepanorama, exzellente Küche, schöne Terrasse, Pool und lauschige Bar.

- Via Marconi 4 | Garda
  Tel. 045 725 67 74
  www.excelsiorleterrazze.com

Villa Anthea €€–€€€

Familäres, behagliches Komforthotel mit kleinem Pool nur wenige Gehminuten zum Zentrum und Seeufer.

- Via Giotto 2 | Garda | Tel. 045 725 61 05
  www.hotelvillaanthea.it

Hotel degli Olivi €€

Familiär geführtes Haus mit Garten, Pool und Wohlfühlambiente inmitten eines Olivenhains, nur ein paar Gehminuten zum See und ins Zentrum.

- Via Olivai 2 | Garda
  Tel. 045 725 56 37
  www.hoteldegliolivi.it

RESTAURANTS

Ai Beati €€–€€€

In der restaurierten Ölmühle aus dem 14. Jh. genießt man den Blick auf den See und eine Küche, die nur frische saisonale Produkte verwendet.

- Via Val Mora 57–59 | Garda, OT Beati
  Tel. 045 725 57 80
  www.ristoranteaibeati.com
  Do mittags geschl.

Café La Vittoria €–€€

Hier sitzt man direkt am See und genießt leckere Pasta und Fischgerichte.

- Lungolago Regina Adelaide 57
  Garda | Tel. 045 62 70 473
  cafelavittoria.it

Trattoria Bella Venezia €–€€
Klein und etwas altbacken eingerichtet, aber die regional ausgerichtete Küche ist erstklassig, alles wird frisch gekocht, Zeit sollte man mitbringen.
- Vicolo Del Pio 12 | Garda
  Tel. 045 725 61 40 | tgl. ab 11.30 Uhr

NIGHTLIFE

Can e Gatto
Kleine gemütliche Bar für einen Dämmerschoppen, gute Weinauswahl und 200 Cocktails, manchmal Livemusik.
- Corso Vittorio Emanuele 50 | Garda
  tgl. 18–2 Uhr

Lido Garda Beach Café
Coole Beachbar und Treffpunkt beim Jachthafen, ab 22 Uhr abends Musik bis 1 Uhr.
- Lungolago Pincherle | Garda
  9–3 Uhr

SHOPPING

Einer der größten **Wochenmärkte** am See findet freitags von 8–13 Uhr an der Uferstraße statt. > mehr S. 17 Punkt 44

AUSFLÜGE VON GARDA

EREMO SAN GIORGIO 17 C6

Für Fußgänger ist der Weg zum Kloster bereits in der Altstadt von Garda ausgeschildert, Autofahrer müssen den Umweg über Bardolino nehmen: Kurz vor Bardolino zweigt man bei der Agip-Tankstelle links ab und fährt bis zur Ortschaft Cortelline. Bei einem Madonnenbildnis führt linker Hand die schmale Strada dell'Eremo zum Ziel (ca. 20 Min. mit dem Auto). Die im 17. Jh. gegründete **Einsiedelei** des Kamaldulenserordens liegt inmitten des Weinbaugebietes, hier kann man einen interessanten Einblick in das heutige Klosterleben gewinnen (Tel. 045 721 13 90, www.eremosangiorgio.it, tgl. 9–12.30, 15–18.30 Uhr).

ZUR KIRCHE MADONNA DELLA CORONA 18 ★ E5

Das im 16. Jh. gegründete Wallfahrtskirchlein klebt an einer Felswand 774 m über dem Etschtal. Der Weg dorthin führt über **Costermano,** wo man einen der größten deutschen **Soldatenfriedhöfe** Italiens besuchen kann: 22 000 im Zweiten Weltkrieg Gefallene ruhen hier (tgl. 8–19 Uhr). Weiter in nordöstlicher Richtung über Caprino Veronese und die kleine Ortschaft Spiazzi, wo man das Auto an der Straße abstellen kann, erreicht man schließlich nach rund 1 km Fußweg das ganzjährig geöffnete Heiligtum. Im Sommer kann man vom Parkplatz alternativ in einen Kleinbus-Shuttle einsteigen (www.madonnadellacorona.it, Mai–Okt. tgl. ab Spiazzi halbstündlich von 9–18.30, So bis 19.15 Uhr). Der klassische Pilgerpfad hingegen führt aus dem Tal über 450 Stufen den Berg hinauf. Bußfertige benutzen ihn, um dann in der **Cappella della Riconciliazione,** der Aussöhnungskapelle, zu beichten und die letzten Steintreppen zur Kirche auf Knien zurückzulegen. Das dreischiffige Gotteshaus musste Ende der 1970er-Jahre wegen drohender Einsturzgefahr neu errichtet werden. Hinter dem Hochaltar steht in einer aus dem Fels gehauenen Apsis die 70 cm hohe Marmorstatue der Schmerzensmutter aus dem 15. Jh. Die Madonna ist als gramzerfurchte Frau dargestellt.

BARDOLINO 19 C6

Der pulsierende, rund 6800 Einwohner zählende Ort hat einem weit über die Grenzen Italiens hinaus bekannten Weinbaugebiet seinen Namen gegeben: Bardolino, ein süffiger Roter, und sein Rosébruder Chiaretto.

Elegante Boutiquen, gemütliche Straßencafés und Restaurants verführen zu einem ausgiebigen Shoppingbummel in der **Altstadt** 6 von Bardolino, der vom Stadttor an der Piazza Verdi durch die elegante Fußgängerzone führt. Auch die gepflegte **Uferpromenade** verlockt zu einem Spaziergang, den man bis zum 2 km südlich gelegenen Ortsteil **Cisano** und weiter bis Lazise ausdehnen kann. › mehr S. 13 Punkt 7

Als kunsthistorisches Kleinod präsentiert sich an der Gardesana die romanische Kirche **San Severo** (12. Jh.) mit mächtigem Glockenturm und kostbaren Fresken. Hinter dem Hochaltar weist die Krypta auf einen Vorgängerbau (9. Jh.) hin. Die Kapelle **San Zeno**, einer der ältesten karolingischen Bauten Italiens (9. Jh.), verbirgt sich in einem Innenhof (Via San Zeno 13–15).

INFO

Tourist Information

- Piazzale Aldo Moro | Bardolino
  Tel. 045 721 00 78
  www.visitgarda.com

An der Piazza Matteotti in Bardolino trifft man sich zu jeder Tageszeit

HOTELS

Du Lac e Bellevue €€–€€€
Zwei Hotels in einem, eigener Strand und Pool, sehr gute Küche.

- Via Santa Christina 8 | Bardolino
  Tel. 045 621 03 55
  www.hoteldulacbellevue.com

Al Parco €–€€
Die familiäre, angenehme Frückstückspension mit Pool und Garten liegt nur wenige Schritte von der Altstadt entfernt.

- Via Fosse 20 | Bardolino
  Tel. 045 721 00 39 | www.hotelalparco.it
  15. März–31. Okt.

Bardoliners €
Tolle Zentrumslage, 5 kleine, nette Zimmer, WLAN, unbedingt frühzeitig buchen!

- Via Palestro 25 | Bardolino
  Tel. 045 621 10 08
  www.bardoliners.com

RESTAURANTS

Il Giardino delle Esperidi €€€
Exzellente, einfallsreiche Italien-Küche und eine riesige Auswahl an Weinen zeichnen Restaurant und Enoteca aus.
- Via Goffredo Mameli 1 | Bardolino
  Tel. 045 621 04 77 | Di Ruhetag

Don Pedro €€
In der Altstadt, aber etwas abseits vom Trubel gelegen, sehr gute Fischküche.
- Piazetta Mazzini 13 | Bardolino
  Tel. 045 721 07 16
  www.donpedrobardolino.it
  Di geschl.

DIE SPEKTAKULÄRSTEN AUSSICHTSPUNKTE

- Faszinierend der Blick vom **Monte Brione** auf den See und auf Riva und Torbole zu Füßen > **S. 57.**
- Bequem schwebt man mit der Seilbahn auf den 1700 m hohen **Monte Baldo,** um den grandiosen Panoramablick auf den See auszukosten > **S. 64.**
- Viele der hochgelegenen Castelli am See bieten einen hinreißenden Seeblick, besonders jedoch das **Castello in Padenghe** > **S. 96.**
- Die Mühen des steilen Aufstiegs sind sofort vergessen, wenn man von der Kirche **Madonna di Monte Castello** den Blick über den See schweifen lässt > **S. 88.**

La Loggia Rambaldi €€
Fisch, Pizza und Pasta werden in einem ehemaligen Adelspalais mit stilvollem Ambiente genossen.
- Piazza Principe Amedeo 7 | Bardolino
  Tel. 045 621 00 91
  www.laloggiarambaldi.it

San Martino €–€€
Mediterrane Küche und beste Pizza in Bardolino, motivierter Service, auch wenn das Lokal meist vollbesetzt ist.
- Via San Martino 8 | Bardolino
  Tel. 045 621 24 89
  www.ristorantesanmartino.com

NIGHTLIFE

Hollywood Dance Club
Angesagteste Edel-Disco mit Promifaktor am Ostufer.
- Via Montavoletta 11 | Bardolino
  www.hollywood.it
  Sommer Mi, Fr/Sa 20.30–5 Uhr

SHOPPING

Im **Museo dell'Olio** kann man alte Pressen bestaunen, vor allem aber eine große Auswahl Olivenöle verkosten.
- Via Peschiera 54 | Bardolino, OT Cisano
  Tel. 045 622 90 47 | www.museum.it
  Mo–Sa 9–12.30, 14.30–19 Uhr,
  So 9–12.30 Uhr

Cantina F.lli Zeni
Das Traditionsweingut hat ein breites Repertoire an Weinen aus der Region > **mehr S. 15 Punkt 17**. Im dazugehörigen **Museo del Vino** erfahren Sie Interessantes über die Weinerzeugung.
- Via Costabella 9 | Bardolino
  Tel. 045 622 83 31 | www.zeni.it
  www.museodelvino.it | tgl. 8.30–12.30, 14.30–19 Uhr, Führung Mi 15 Uhr

AUSFLÜGE VON BARDOLINO

WEINORTE AN DER »STRADA DEL VINO«

Ein Ausflug auf der »Strada del Vino« bietet eine gute Gelegenheit die 16 Weinorte und einige der rund 60 Weinkellereien *(cantine)* kennenzulernen und deren Weine direkt vor Ort zu verkosten. Allerdings darf man sich die Weinstraße nicht als Route vorstellen, sie ist ein als »Strada del Vino« ausgeschildertes verzweigtes Netz von Straßen, das die Weinorte zwischen Torri del Benaco und Valeggio sul Mincio miteinander verbindet. Idealerweise sucht man sich über die kostenlose Karte »Strada del Vino DOC« (bei der Tourist Information erhältlich, www.bardolino-stradadelvino.it) mit einer Übersicht aller Weingüter ein paar *cantine* (Weinkellereien) aus, die man kennenlernen möchte, und plant danach die Tour. Viele Weinkellereien haben einen Direktverkauf, manche zeigen auch gern ihre Weinkeller.

Ein guter Startpunkt am östlichen Ortsrand von Bardolino ist das Museo del Vino, das vom Traditionsweingut Zeni eingerichtet wurde. Im dazugehörigen Shop kann man die unterschiedlichen Weinsorten vom See probieren und vergleichen. › mehr S. 14 Punkt 17

Von dort fährt man 3 km hinauf nach **Cavaion Veronese** 20 D7 mit der Enoteca Corte Torcolo (Via Vittorio Veneto 1) und weiteren Weingütern im Umkreis. Von dort kann man die Weinstraße nach **Calmasino** und dann wieder hinunter zur Gardesana nach Cisano und zurück nach Bardolino fahren.

Wer noch mehr kennenlernen möchte, fährt von Calmasino südwärts nach **Castelnuovo del Garda** D8 und von dort nach **Valeggio sul Minco** › S. 112, und dann zurück über die Weinorte **Custoza, Sommacampagna** E9 › S. 114 und **Bussolengo** E8 nach Bardolino.

WEINLAND VALPOLICELLA

Landschaftlich noch reizvoller ist ein Ausflug ins Valpolicella, das sich auf der Ostseite der Etsch *(Aldige)* fast nahtlos an das Bardolino-Gebiet anschließt und bis hinunter nach Verona reicht. Daher lässt sich eine Tour nach Verona › S. 133 sehr gut mit Zentren des Valpolicella-Weinlands verbinden (www.stradadelvinovalpolicella.it). Am Weg liegen viele Gasthöfe mit hervorragender Küche und komfortablen Agriturismiunterkünften in Weingütern.

Von **Affi** 21 D6 führt eine gut ausgeschilderte Straße über die Etsch nach **Sant'Ambrogio di Valpolicella** 22 E7, das nicht nur für seine Weine bekannt ist, sondern vor allem auch durch den Marmor, der hier abgebaut wird. Schon in der Bronzezeit war die 11 000 Einwohner zählende Stadt besiedelt, auch die Römer hinterließen ihre Spuren. Sehenswert ist die romanische Pfarrkirche im hochgelegenen Ortsteil Pieve di San Giorgio mit einem herrlichen Ausblick.

Bei Sant' Ambrogio befindet sich auch die für ihre Amarone- und Ripasso-Weine bekannte Weinkellerei Masi (www.masi.it).

Im nächsten Weinort **San Pietro in Cariano** bekommt man im Büro des Consorzio Pro Loco Valpolicella an der Durchgangsstraße kostenlose Karten mit Weinorten und Winzern (www.valpolicellaweb.com).

Weiter geht es durch die Hügellandschaft, bis kurz vor Verona, die Straße links nach **Negrar** F7 abzweigt, ins Herzland des berühmten Amarone-Weins. Hier bieten viele Weingüter Weinproben und Amarone-Verkostungen an.

SHOPPING

Tedeschi

Traditionelles Familienweingut für exzellente Valpolicellla-Weine.

- Via G. Verdi 4 F | Pedemonte di Valpolicella | Tel. 045 770 14 87 www.tedeschiwines.com Mo–Fr 9–12, 14–18, Sa nur 9–12 Uhr, Voranmeldung erforderlich

LAZISE 23 C7

Gut erhaltene Stadtmauern mit drei Toren und eine sechstürmige **Scaligerburg** (12./13. Jh., heute in Pri-

DIE SCALIGER

Das Geschlecht der Scaliger (della Scala), Herren von Verona 1260 bis 1387, stammte aus dem Händler- und Kleinadelsstand und kam durch Volkswahl an die Macht. Die Regentschaft der Scaliger bescherte der Region eine kulturelle Blüte, innerhalb der Familie jedoch herrschten Verrat und Mord, und die Bevölkerung zitterte vor den Tyrannen.

1262 betrauten die Veroneser Mastino I. della Scala mit dem Amt des *podestà del comune*. Das neue Stadtoberhaupt sicherte sich das Wohlwollen Venedigs und festigte seine Position, indem es seine Widersacher kurzerhand hinrichten ließ. Als Mastino 1277 bei einem Anschlag ums Leben kam, beriefen die Veroneser den Bruder des Ermordeten, Alberto della Scala zum neuen Herren. Nach Albertos Tod kam das Morden unter seinen Nachfolgern Bartolomeo, einem kunstsinnigen Mann, und dessen Bruder Alboino für eine kurze Weile zum Stillstand. Cangrande I. della Scala (1311–29) gelang es mithilfe Kaiser Heinrichs VII., seinen Machtbereich auszudehnen. Da er nur uneheliche Kinder hinterließ, ging die Herrschaft an die Söhne Alboinos über, Mastino II. und Alberto II., die mit wenig politischem Gespür unglückselige Eroberungsfeldzüge antraten. 1352 übernahm Cangrande II. die Macht, ein allseits verhasster Fürst mit dem Spitznamen »Canis Rabidus« (Tollwütiger Hund). Er wurde sieben Jahre später von seinem Bruder Cansignorio ermordet, dessen Schreckensherrschaft in einem weiteren Brudermord gipfelte. Cansignorio scheute andererseits keine Mühen und Kosten, um Verona zu verschönern. Nach Cansignorios Tod 1375 traten dessen illegitime Söhne Bartolomeo und Antonio die Nachfolge an. Mit der Belagerung der Stadt 1387 setzte der Mailänder Gian Galeazzo Visconti der Herrschaft der Scaliger ein Ende.

vatbesitz) prägen das romantische Städtchen mit seiner historischen Altstadt, das zur Zeit der Venezianer wichtigster Handelsstützpunkt und erste freie Kommune am See war. Ein venezianisches **Zollhaus** am Hafen (16. Jh.) zeugt von dieser Zeit. Sehenswert ist die nahe romanische **Kirche San Nicolò** (12. Jh.) mit ihrem aufragenden Glockenturm. An der belebten Uferpromenade reihen sich nette Cafés, Bars und Restaurants aneinander und die Boutiquen und Geschäfte in den Gassen der Altstadt laden zum Bummeln ein.

INFO

Tourist Information

- Via Francesco Fontana 14 | Lazise
  Tel. 045 758 01 14
  www.visitgarda.com

HOTELS

Corte Valier €€€

Modernes Wellnesshotel mit Innen- und Außenpool, vom See ist es nur durch die Promenade getrennt.

- Via de Pergolana 9 | Lazise
  Tel. 045 647 12 10
  www.cortevalier.com

Alla Grotta €€

Angenehmes, einfacheres Hotel direkt am Hafen mit gutem Fischrestaurant und lauschiger Terrasse.

- Via Francesco Fontana 5 | Lazise
  Tel. 045 758 00 35 | www.allagrotta.it

Lazise ist ein gefragter Standort für Ausflüge zu den nahen Erlebnisparks wie Gardaland, Canevaworld und Movieland › S. 110 sowie zum Tierpark Natura Viva (www.parconaturaviva.it). Obwohl es jede Menge Hotels und Pensionen gibt, sollte man diese unbedingt Monate im Voraus zu buchen.

RESTAURANTS

Il Porticciolo €€–€€€

Leckeres Antipasto-Fischbüfett; unbedingt das Risotto mit Fisch probieren, bei gutem Wetter am besten auf der Terrasse. **› mehr S. 14 Punkt 15**

- Lungolago Marconi 22 | Lazise
  Tel. 045 758 02 54 | Di Ruhetag

Masi Tenuta Canova €€

Liegt etwas außerhalb im Ortsteil Sacre Cuor, aber die Anfahrt lohnen die regionalen Genüsse und Weine, die einen in dieser schönen Weinbar im Grünen erwarten.

› mehr S. 17 Punkt 32

- Via Delaini 1 | Lazise, OT Sacre Cuor
  Tel. 045 758 02 39 | www.masi.it
  tgl. 10.30–22 Uhr

Die Kirche San Nicolò in Lazise

GARDASEE FÜR AKTIVE

Sportlich aktiven Urlaubern bietet der Gardasee mit seinem alpinen Hinterland im Norden und dem sanften Hügelland im Süden ein weit verzweigtes und gut ausgebautes Netz an Wanderwegen. Und Mountainbiker können ihren Sport auf über 1000 km markierten Mountainbikerouten ausleben. Hier einige der schönsten und aufregendsten Touren und Trails zu Fuß oder auf dem Drahtesel.

WANDERN

Der **Sentiero Panoramico** von Torbole nach Tempesta bietet, wie es der Name schon andeutet, fantastische Ausblicke auf den See. Der reizvolle Höhenweg führt über **Nago** E1 zum Park Busatte Adventure und von dort teils über Treppenanlagen am steilen Fels nach oben. Oberhalb von Tempesta geht es in Kehren hinunter nach Tempesta E2 am See (6,1 km, 420 Stufen, 2 Std. 30 Min.) und zurück am Ufer mit dem Bus.

Der **Monte-Baldo-Höhenweg** bietet atemberaubende Ausblicke und eine reiche Flora. Ausgangspunkt ist die Bergstation (1752 m) der Seilbahn von Malcesine E3 (im Sommer 8–19, im Winter bis 17/18 Uhr, funiviedelbaldo.it, einfach ab 15 €, › S. 64). Der Weg Nr. 651 führt in 4 Std. zum Monte Maggiore, auch Punta Telegrafo genannt (Hütte: Rifugio Barana).

Die abenteuerliche Ponale-Straße ist heute für motorisierte Fahrzeuge gesperrt

Der das Westufer dominierende **Monte Pizzocolo** (1581 m) mit seinem charakteristischen Gipfelaufbau ist am besten von San Michele › S. 94, einem Ortsteil von Gardone Riviera, zu bezwingen (ca. 4 Std.).

Am Corno della Marogna führt eine bequeme, 2-stündige Wanderung durch ein pflanzenreiches Gebiet. Man startet von **Rifugio Garda** C2 (1708 m, mit dem Auto von Riva über Lago di Ledro und Passo di Tremalzo › S. 132).

Für die Traumtour für Wanderer und Mountainbiker auf der **alten Ponalestraße** E1/2 von Riva an den Ledro-See sollte man schwindelfrei sein. Denn die für den motorisierten Verkehr gesperrte enge Serpentinenstraße schraubt sich in vielen Windungen durch den Fels nach oben und gewährt immer wieder einzigartige Tiefblicke auf den See (ca. 4,5 Std. bis zum Ledro-See).

MOUNTAINBIKING

Eine mittelschwere Tour ist der **Höhenweg** über das **Monte-Baldo-Massiv.** Ausgangspunkt ist **Mori** F1 (204 m) an der Nationalstraße 240 zwischen Torbole und dem Etschtal. Die Strecke führt auf der durchgehend asphaltierten Provinzstraße 32 über Brentonico und San Giacomo nach San Valentino. Dann kommt man über Passo Canaletta (1617 m), Bocca di Navene (1430 m) und Rifugio Novezzina (1260 m) nach Ferrara di Monte Baldo (856 m). Über Caprino Veronese und Costermano geht es nach **Garda** C6 (insgesamt 65 km, mind. 5 Std., Höhenunterschied 1400 m.)

Die **Seilbahn von Malcesine** › S. 62 auf den Monte Baldo befördert auch Mountainbikes. **Bike-Xtrem** an der Talstation hat einen Verleih, verkauft Zubehör und bietet auch geführt Touren (Tel. 045 740 01 05, www.xtrememalcesine.com).

Mittelschwer ist auch die Tour zum **Lago d'Idro.** Start ist in Gargnano (98 m) am Westufer des Gardasees. Die Route führt über Navazzo (487 m), den Lago di Valvestino (503 m), Capovalle (932 m), den Idro-See (360 m, bis dahin durchgehend asphaltiert), Trebbio/Vico (680 m), Eno, San Martino (373 m), Vobarno, Tormini, Salò und zurück nach Gargnano (insgesamt 80 km, 5 Std., Höhenunterschied 840 m).

Schwieriger ist der Mountainbikeklassiker zum **Monte Tremalzo** C2: Die Etappe Riva del Garda (73 m) auf der alten Ponalestraße nach Molina di Ledro – Pieve di Ledro (668 m) – Bezzecca – Tiarno di sopra (749 m) – Passo d'Ampola – Passo di Tremalzo (1665 m) ist überwiegend asphaltiert. Die letzte Steigung (Sandstraße) führt zunächst bis zum Rifugio Garda (1708 m), einer gut bewirtschafteten Hütte, die sich zu längerer Rast eignet (traumhafter Fernblick!). Nach einem Stück bergan erfolgt die steile Abfahrt über Voltino zurück hinunter an den See nach Limone (insgesamt 50 km, 4–5 Std., Höhenunterschied 1650 m). Weitere Tourenvorschläge gibt es auf www.gardatrentino.it/de/ und www.visitgarda.com. Geführte Mountainbiketouren und Training bietet u. a. Ok Surf in Gargnano an › S. 30.

DAS WESTUFER

Eng an Felswände geschmiegt schlängelt sich die Gardesana Occidentale durch zig Tunnels am Westufer entlang

Das Westufer gilt als die Schokoladenseite des Gardasees, die Gardesana Occidentale als eine der spektakulärsten Straßen Italiens. Weiter südlich erstreckt sich die Riviera Bresciana mit ihren Nobelorten und exklusiven Luxusherbergen.

Dass die abenteuerliche **Gardesana Occidentale** (SS 45) zwischen Riva, Limone und Salò am Seeufer immer noch als Traumstrecke hochgelobt wird, ist wohl mehr der technischen Leistung geschuldet, als den wenigen wirklich reizvollen Ausblicken zwischen den gefühlten 50 % langen, dunklen Tunnels. Denn anhalten und die Landschaft bewundern kann man auf der engen Straße selten. Tatsächlich waren es anfangs 74 Tunnel- und Galeriedurchfahrten, die vor der Eröffnung 1931 in den zwischen Riva, Limone und Gargnano steil abfallenden Felsen hineingehauen werden mussten, um das Westufer überhaupt befahrbar zu machen. Zu den gefragtesten Ausflugszielen am See gehört **Limone,** das sich eng an die hoch aufragende Felswand schmiegt – eine Bilderbuchansicht, die viele Tagesbesucher anzieht, die hier meistens mit dem Schiff ankommen. Die berühmten Zitronengewächshäuser entstanden allerdings zuerst in Gargnano weiter südlich, das auch für Surfer und Segler ein Hotspot ist. Im Sommer findet hier die bedeutendste Binnengewässersegelregatta statt.

Zum echten Abenteuer werden dagegen Fahrten auf den steilen, kurvenreichen Straßen zu den grünen **Hochebenen von Tremosine und Tignale,** die hoch über dem See fantastische Panorama- und Tiefblicke bieten. Abseits der ausgetretenen Touristenpfade kann man in der unverbrauchten Natur des Parco dell' Alto Garda Bresciano herrlich wandern, biken und hervorragende lokale Spezialitäten schlemmen.

Südlich von **Gargnano** ändert sich der Charakter der Gegend grundlegend. Statt wildromantischer Hochgebirgslandschaft trifft man nun auf eine eher mediterran geprägte Zone. Hier weitet sich der Uferstreifen, die Tunnel an der Gardesana werden weniger, und die Berge steigen nicht mehr so hoch auf.

Bis **Salò** erstreckt sich von hier die **Riviera Bresciana,** die im 19. Jh. eine der bevorzugten Sommerfrischen des Geldadels aus ganz Europa war. Besonders **Gardone Riviera** profitierte davon: Neben luxuriösen Villen der Belle Époque finden sich hier noch immer die nobelsten Hotels der Gardaseeregion.

Am südlichen Abschnitt des Westufers, südlich von Salò, verschwinden die Berge und machen sanften Moränenhügeln Platz. Im Hügelland **Valtènesi** prägen Olivenhaine und Weinreben das Bild, während sich am Ufer zwischen Manerba, Moniga und Padenghe sul Garda viele Campingplätze und Ferienanlagen angesiedelt haben.

TOUREN IN DER REGION

TOUR 4

AUF DER HOCHEBENE VON TREMOSINE

ROUTE: Campione > Pieve di Tremosine > Vesio > Limone sul Garda

KARTE: Seite 52

DAUER: 1 Tag, 25 km

PRAKTISCHE HINWEISE:

- Bei dieser Tour gibt es keine Alternativen zum Auto, es sei denn für die Sportlichen, per pedes oder Mountainbike, die aber einen etwas anderen Verlauf haben.
- Die sehr enge und kurvenreiche Straße nach Pieve verlangt selbst versierten Autofahrern einiges ab.

TOUR-START:

Die Fahrt auf die Hochebene von **Tremosine** 25 › S. 85 ist eine der reizvollsten Bergtouren am Gardasee, ideal um sich in der hochalpinen Naturlandschaft zu erholen, die faszinierenden Ausblicke auf den Lago zu genießen oder um zu wandern.

Knapp 2 km nördlich von **Campione del Garda** 26 zweigt fast noch im Tunnel die Straße SP 38 Richtung **Pieve** › S. 85 ab. Die enge Straße führt in Serpentinen mit Ausweichstellen steil hinauf durch die enge **Brasa-Schlucht** › S. 85 mit ihrem Wasserfall. Oben in Pieve kann man sich im Hotel Paradiso am Ortsrand stärken und beim Blick von der »Schauderterrasse« (terrazzadelbrivido.it) Gänsehautfeeling erleben, denn diese ragt in 400 m Höhe über den Abgrund hinaus. Aber die Aussicht ist spekta-

Tiefblicke von der Hochebene von Tremosine

kulär! Nicht weniger aufregend ist auch der Blick vom Restaurant des Hotels Miralago (www.miralago.it) im Ort. Gleich rechts vom Miralago führt übrigens der abenteuerliche Fußweg hinunter zum See. › mehr S. 12 Punkt 4

Am hinteren Ende der Hochebene liegt das Dörfchen **Vesio** › S. 85. Von hier aus kann man eine etwa einstündige Wanderung zum **Lago di Bondo** ins gleichnamige Naturschutzgebiet unternehmen. Das Valle die Bondo ist für Naturliebhaber noch ein echter Geheimtipp und kann auch gut mit dem Mountainbike erschlossen werden (www.infotremosine.org).

Zur Rückkehr ans Ufer nimmt man von Vesio aus am besten die Straße nach Voltino, die an Olivenhainen vorbei in vielen Kurven nach **Limone sul Garda** 24 › S. 84 führt.

TOUR 5

AUF DER GARDESANA OCCIDENTALE

ROUTE: Limone sul Garda › Gargnano › Toscolano-Maderno

KARTE: Seite 52
DAUER: 1 Tag, 30 km
PRAKTISCHE HINWEISE:

- Die Tour macht man vorzugsweise mit dem Auto, kostenpflichtige Parkplätze sind in allen Orten zu finden.
- Sie ist auch mit dem Bus und/oder Linienschiff › S. 27 bei höherem Zeitaufwand möglich. Wer vom Ostufer kommt, kann von Torri del Benaco mit der Autofähre nach Toscolano-Maderno übersetzen, bzw. im Sommer auch von Malcesine nach Limone.

TOUR-START:

Ausgangspunkt der Tour ist **Limone sul Garda** 24 › S. 84. Bei der Ankunft wird klar, dass das Städtchen, das sich in Terrassen an die hier steil abfallenden Felsen schmiegt, ein Touristenmagnet ist, und im Sommer auch schon mal das Mehrfache an Besuchern verkraften muss, als es Einwohner hat. Schon von Weitem sind die *limonaie*, die alten Zitronengewächshäuser, zu sehen. Auf der Uferterrasse des Ristorante Gemma (www.ristorantegemma.it) können Sie die Aussicht auf den Monte Baldo auf der anderen Seeseite genießen, bevor Sie dann der Gardesana Richtung Süden folgen. Wenn man nicht zum Hochland von Tremosine abbiegen möchte, kann man **Campione** 26 › S. 85 links liegen lassen, denn außer dem Wassersportrevier mit Ferienanlagen gibt es nichts zu sehen.

Die prächtigen Villen und Paläste in **Gargnano** 27 › S. 86 lassen kaum erahnen, dass das Städtchen einst ein Fischerort war. Allerdings war auch der Anbau von Zitronen ein wichtiger Wirtschaftsfaktor. Bei einem Besuch der Limonaia Malora am Ortseingang, eine der wenigen noch original erhaltenen und bewirtschafteten Zitronengärten am See, erfahren Sie Interessantes zum Zitronenanbau. Sehenswert auch das Ecomuseo Limonaia Prà de la Fam. Das im Vergleich zu Limone beschauliche Städtchen lohnt auch einen Bummel entlang der hübschen Hafenpromenade und einen Besuch des Klosters San Francesco. In einem der netten Restaurants am Hafen können Sie zu Mittag essen.

Eine kleine Flussmündung trennt den Doppelort **Toscolano-Maderno** 29 › S. 89 in das von engen Gassen durchzogene Maderno und in das schon im Mittelalter bekannte Zentrum der Papierherstellung Toscolano. Die Papiermühlen befanden sich einst alle entlang des Toscolano im **Valle delle Cartiere** › S. 89, das heute ein Freilichtmuseum ist. Ein Spaziergang führt durch das Tal an den alten Fabriken entlang zum Museum. Anschließend bummeln Sie durch Maderno und an seiner schönen Uferpromenade entlang zu seiner Hauptattraktion, der Kirche Sant' Andrea und weiter durch das Zentrum.

TOUR 6

PER SCHIFF VON GARDONE ZUR INSEL GARDA

ROUTE: Gardone Riviera › Isola del Garda › Gardone Riviera

KARTE: Seite 52
DAUER: 1 Tag, ca. 8 km

PRAKTISCHE HINWEISE:
- Isola del Garda mit dem Schiff, von Mitte März–Okt. jeweils Di, Do 9.35 Uhr von Gardone, 31 €, Kinder 18 € – von vielen anderen Orten am See zu anderen Tagen und Zeiten. Vorausbuchung erforderlich: www.isoladelgarda.com.

TOUR-START:

Im 19. Jh. entdeckte die High Society die **Riviera Bresciana** wegen des milden Klimas als geeigneten Platz für Sommeraufenthalte. In der Folge entstanden luxuriöse Villen und mondäne Hotels. Wer auf den Spuren dieser Zeit wandeln möchte, der sollte in **Gardone Riviera** 31 › S. 90 starten. Ein Frühstück auf der Terrasse des **Grand Hotel Gardone** › S. 92, noch heute eins der luxuriösesten Hotels am See, hat Stil.

Gleich neben dem Hotel legen die Linienschiffe zur **Isola del Garda** 34 › S. 94 ab. Die mit einem Kilometer Länge größte Insel des Gardasees und ihr bildschöner, neogotischer Palast befindet sich im Privatbesitz der Fürsten Borghese-Cavazza. Im Rahmen einer Führung lernt man den herrlichen Park und einige Prunkzimmer kennen.

Gegen Mittag ist man zurück in Gardone Riviera. Nach einem Bummel über die elegante Hafenpromenade und einem Mittagessen im schattigen Hof der **Osteria Antico Brolo** › S. 92 spaziert man hinauf zur Via Roma 2, in den exotischen **Giardino Botanico Fondazione Heller** › S. 91. Nehmen Sie sich mindestens eine Stunde dafür Zeit und lassen sich von dem verwunschenen Garten verzaubern.

Gleich rechts neben dem Garten führt ein Weg hinauf zum **Vittoriale degli Italiani** › S. 91, die monumentale Parkanlage, mit der sich Gabriele d'Annunzio 1938 selbst ein Denkmal gesetzt hat. Eine Führung durch seine mit Kunstobjekten überladene Villa muss man erlebt haben. Zum krönenden Abschluss der Tour gönnen Sie sich noch einen *caffè* im Grand Hotel Fasano (Via Zanardelli 190).

TOUR 7

AUF DER »STRADA DEI VINI E SAPORI«

ROUTE: Salò › San Felice del Benaco › Manerba del Garda › Moniga del Garda › Padenghe sul Garda › Soiano del Lago › Polpenazze › Salò
KARTE: Seite 52
DAUER: 1/2 Tag, ca. 40 km
PRAKTISCHE HINWEISE:
- Für Einkaufstouren nimmt man am besten ein Auto.
- Das Valtènesi bietet sich aber auch für Fahrradtouren auf ausgewiesenen Radwegen abseits der Hauptstraßen an, Tourvorschläge in den örtlichen Tourist Informationen und auf www.gardavaltenesi.com.

TOUR-START:

Die sanfte Hügellandschaft hinter den beliebten Badestränden zwischen **Salò** 32 › S. 92 und Desenzano bietet mit ihren lebendigen Orten, Castelli und Kirchen manche Überraschungen, denn an der **»Strada dei Vini e dei Sapori«** liegen Weinkellereien, Ölmühlen und Gasthäuser mit bester regionaler Küche.

Erste Station ist **San Felice del Benaco** 35 › S. 95 mit seinem kleinen Hafen. In **Manerba** 36 › S. 96 kann man im Parco Archeologico zum 216 m hohen Gipfelkreuz der Rocca di Manerba gehen und den Rundblick bewundern und danach in Weinkellereien wie z. B. Avanzi (www.avanzi.net) die hiesigen Weine Groppello und Chiaretto verkosten. › mehr S. 17 Punkt 33 **Moniga del Garda** 37 › S. 96 mit seiner Burganlage aus dem 10. Jh. und dem hübschem Hafen ist das Herz des Chiaretto-Weinbaus und mit seinen Osterien und Trattorien ein Revier für Feinschmecker.

Weiter Richtung Süden ist die imposante Festung, die über **Padenghe** 38 › S. 96 thront, nicht zu übersehen. Machen Sie einen Rundgang im 1000 Jahre alten Castello, in dessen Mauern ein ganzes Wohnviertel integriert ist, und genießen Sie die grandiose Aussicht. Von hier verlässt man das Seeufer und fährt durch die Hügellandschaft zum höchsten Punkt nach **Soiano del Lago** 40 › S. 97. Dort genießt man die Ruhe und Aussicht. Der letzte Stopp ist in **Polpenazze** 39 › S. 97, dem Zentrum der Valtènesi-Weinund Olivenölproduktion.

UNTERWEGS AM WESTUFER

LIMONE SUL GARDA 24 D2

Die Zitronengärten, die hier als Gewächshäuser angelegt waren, haben den Ort einst berühmt gemacht. Aber die knallgelben Früchte werden hier schon lange nicht mehr angebaut, bis auf einige wenige wie die **Limonaia del Castèl**, die es allein schon wegen der Aussicht zu besichtigen lohnt (Via IV novembre 25, www.visitlimonesulgarda.com, tgl. 10–18, im Sommer bis 19 Uhr, 2 €), besonders romantisch an den Abendterminen »Sotto le stelle«, › mehr S. 16 Punkt 24.

Seine reizvolle Lage verdankt Limone den hochaufragenden Felswänden, die hier ganz nah an den See heranrücken und die Bewohner zwangen ihre Häuser, Hotels und *limonaie* in Terrassen hochzuziehen. Zum Lieblingsziel des Pauschaltourismus mit seinen 1164 Einwohnern kommen bis in den Herbst hinein täglich noch etliche Hunderte Besucher hinzu, die die Ausflugsschiffe »ausspucken«. Deshalb geht es auf den Gassen zuweilen recht eng zu. Dass sich der Ortsname aber gar nicht von der Frucht, sondern vom lateinischen *limes* (Grenze) ableitet, tut ihrer intensiven Vermarktung keinen Abbruch: Zitronen bilden unübersehbar das Motiv der meisten Souvenirs, die hier verkauft werden – vom Limoncello bis zu Seifen und Schürzen.

Das kleine **Fischermuseum** im Gemeindepark erinnert an einen wichtigen Wirtschaftszweig bevor der Tourismus ins Dorf kam (tgl. 10–18, im Sommer bis 22 Uhr). Das **Tourismusmuseum** im Haus der Tourist Information beim Anleger zeigt Plakate, Fotos und Erinnerungsstücke von den Anfängen (Saison tgl. 10–22 Uhr). Im alten Zentrum lohnt sich ein Blick in die barocke Pfarrkirche **San Benedetto** aus dem 17. Jh. Ihr Inneres birgt Gemälde von Andrea Celesti (1637 bis 1711), darunter eine Darstellung der »Hl. Drei Könige« (rechts neben dem Altar).

INFO

Tourist Information
Infokiosk am Parkplatz Seepromenade.
- Via IV Novembre 3c | Limone
  Tel. 0369 95 47 20
  www.limone-sul-garda.de

HOTELS

Garni Gian Martin €€
Das behagliche 3-Sterne-Haus liegt mitten im Ort, nur 2 Min. vom Strand, und bietet Seeblick, WLAN, Gratis-Parkplatz.
- Piazza G. Garibaldi 4 | Limone
  Tel. 0365 95 42 18
  www.garnigianmartin.com

Hotel Monte Baldo €
Ein einfaches Haus zum Wohlfühlen, zentral am kleinen Hafen gelegen, gute Küche.
- Via Porto 29 | Limone
  Tel. 0365 95 40 21
  www.montebaldolimone.it

RESTAURANT

Al Vecchio Fontec €–€€
Frische lokale Spezialitäten in einem intimen Innenhof im Zentrum, exzellente Küche abseits der Touristenlokale.
- Via Corda 21 | Limone
  Tel. 0365 95 41 85 | Do geschl.

SHOPPING

Frutto del Garda
Auf der Suche nach Mitbringsel – hier wird man fündig, feine Liköre, Pasten, Konfitüren, Eingelegtes, in Nr. 10 eine Verkaufsstelle für Olivenöl, Honig, Käse.
- Via Campaldo 12 | Limone
  Tel. 340 108 50 19 | www.fruttodelgarda.it

Unwohl kann es einem beim Blick hinunter von der Terrasse des Miralogo Hotel werden

TREMOSINE 25 D2/3

Zwischen schroffen Schluchten und lichtem Mischwald erstreckt sich die Gemeinde Tremosine mit ihren 18 Ortsteilen rund um das wildromantische Tal des Baches Campione und vereinigt u. a. die Weiler **Pieve, Pregasio, Vesio, Voltino** und unten direkt am See **Campione** 26 zu einer Gemeinde (www.tremosine.org) › mehr S. 12 Punkt 4. Münzfunde sowie der »Stein von Voltino« mit lateinisch-etruskischer Inschrift (im Stadtmuseum Santa Giulia von Brescia › S. 123) künden davon, dass dieses Hochplateau bereits in der Antike besiedelt war. Heute ist es ein ideales Wandergebiet. Von den kleinen Orten bieten sich hinreißende Aussichten auf den in der Tiefe schimmernden See. Um auf die Hochebene hinaufzufahren, nimmt man entweder die Strecke über Voltino, die kurz hinter Limone von der Gardesana abzweigt, oder die spannendere, die weiter südlich bei Campione abgeht. Man durchfährt dabei die wildromantische **Brasa-Schlucht**, um weiter ins 400 m hoch gelegene Dorf **Pieve** 7 zu gelangen mit seinen atemberaubend am Felsrand stehenden Häusern.

HOTEL

Hotel Paradiso €€
In herrlicher Panoramalage mit Pool und Parkplatz. Zum Restaurant gehört der legendäre »Schauderbalkon«.
- Viale Europa 19 | Tremosine
  Tel. 0365 95 30 12 | terrazzadelbrivido.it

RESTAURANTS

Ristorante Miralago €€
Genuss für Schwindelfreie – die Terrasse des Restaurants hängt ebenfalls wie ein Adlerhorst über einer 400 m senkrecht abfallenden Felswand.
- Piazza Cozzaglio 2 | Tremosine
  Tel. 0365 95 30 01 | www.miralago.it

Trattoria da Angelo €
Urige Trattoria in Pieve mit schönem Innenhof und herzlichem Service.
- Via Communale 4 | Tremosine
Tel. 0365 95 35 29

SHOPPING

Alpe del Garda
Hofladen der Genossenschaft: Käse von der Alpe sowie vielerlei Produkte der Region Parco Alto Garda. Im Agriturismo direkt gegenüber kann man gut essen. › mehr S. 15 Punkt 18 und › mehr S. 18 Punkt 38
- Via Provinciale 1 | zwischen Vesio und Sermerio | www.alpedelgarda.it

AKTIVITÄTEN

Campione Univela
Der Ortsteil Campione hat sich in ein modernes Lifestyle-Dorado für Surfer, Segler und Kitesurfer verwandelt.
- Via Cozzalio 1 | Campione del Garda
Tel. 0365 79 11 02
www.campioneunivela.it

GARGNANO 27 ★ C4

Der Gardaseeort mit seinen 3200 Einwohnern hat viel Flair. Von den Folgen ausufernden Fremdenverkehrs ist er weitgehend verschont geblieben. Den Besuchern zeigt er sich von seiner heiteren Seite. Niemand stößt sich heute noch daran, dass die Ministerien der faschistischen »Republik von Salò« 1943–1945 damals im neoklassizistischen **Palazzo Feltrinelli** von Gargnano untergebracht waren. Und in der heute als prestigeträchtiges Luxushotel genutzten Villa Feltrinelli in der Via Rimembranza 38 residierte einst Mussolini.

Gargnano war einst Zentrum des Zitronenanbaus. Sehenswert ist die **Limonaia La Malora** am Ortseingang, eine der wenigen noch original erhaltenen und bewirtschafteten Zitronengärten mit einem Jahresertrag von rund 20000 Früchten. Interessant ist vor allem die Führung tgl. um 11 Uhr (Via Liberta 2, Tel. 369 94 01, www.limonaialamalora.it, tgl. 10–12, 16–18 Uhr, 3 €). Giuseppe Gandossi produziert zudem den besten Limoncello am See › mehr S. 18 Punkt 36.

Gargnano war so etwas wie das Herz des von Franziskanermönchen vor 500 Jahren initiierten Zitronenanbau am Gardasee. Wer darüber noch mehr wissen möchte, sollte das Ecomuseo **Limonaia Prà del la Fam** in Gargnano besichtigen (Tel. 0365 733 54, www.limonaiagarda.com, tgl. 10–17 Uhr nach Voranmeldung, 3 €; Do 10.30 Uhr Führungen mit Verkostung).

Der kleine, südlich vom Zentrum gelegene Ortsteil **Bogliaco** ist stolzer Besitzer eines »Mini-Schönbrunn«: Die kaiserliche Sommerresidenz der Habsburger in Wien diente offensichtlich der nur von außen zu besichtigenden prächtigen **Villa Bettoni-Cazzago** (18. Jh.) als Vorbild. Die schönste Aussicht auf die seewärts gerichtete Fassade hat man vom kleinen Hafen aus, dahinter findet sich an der Straße eine elegante, mit Statuen geschmückte Freitreppe am Ende einer barocken Parkanlage. Am **Hafen** erinnern die eingemauerten, aus den Fassaden ragenden Kanonenkugeln an den Beschuss des friedlichen Fischerdorfes 1866 durch die Österreicher während des italienischen Risorgimento.

INFO

Tourist Information

- Piazzale Boldini 2 | Tel. 0365 79 12 43
  www.gargnanosulgarda.it (auch dt.)

HOTELS

Villa Sostaga €€€

Stilvolles Boutiquehotel in einem Herrenhaus über dem See mit exzellenter Küche.

- Via Sostaga 19 | Gargnano, OT Navazzo
  Tel 0365 79 12 18
  www.villasostagagardasee.com

Lefay Resort & Spa €€–€€€

Perfektes modernes Wellnessresort über dem See mit herrlicher Aussicht.

- Via Feltrinelli 136 | Gargnano
  Tel. 0365 24 18 00 | www.lefayresorts.com

Villa Europa €–€€

Kleine Villa mit hübschen Zimmern, Pool, Garten und schöner Aussicht.

- Via Repubblica 38 | Gargnano
  Tel. 0365 711 91
  www.frassinehotels.it

RESTAURANTS

La Tortuga €€€

Das exquisite Sternerestaurant am Hafen gehört zu den besten am Gardasee.

- Via XXIV Maggio 5 | Gargnano
  Tel. 0365 712 51
  www.ristorantelatortuga.it | Di geschl.

Ristorante Fornico €€

Die lokaltypische Küche und die Panoramasicht lohnen die steile Anfahrt allemal.

- Via Sole | Gargnano, OT Fornico
  Tel. 0365 710 58
  www.ristorantefornico.it

Allo Scoglio €–€€

Charmantes Restaurant mit Garten am See, sehr gute Fischgerichte. Sehr zu empfehlen sind die *tagliatelle al ragù di lago*.

- am Hafen von Bogliaco | Gargnano
  Tel. 0365 710 30 | www.alloscoglio.it
  Mo geschl.

Elegante Palazzi säumen die Hafenkante von Gargnano

In Toscolano-Maderno lohnt die Kirche Sant'Andrea aus dem 12. Jh. einen Besuch

AKTIVITÄTEN

Segelregatta Centomiglia

Am zweiten Wochenende im September startet hier die wichtigste Segelveranstaltung am See mit über 350 Booten.

- www.centomiglia.it

AUSFLUG NACH TIGNALE

28 ★ C/D3

Zwischen Campione und Gargnano führt die Straße SSP 38 hoch hinauf nach Tignale mit seinen sechs Orten auf einer Felsterrasse über dem See. Diese ist dank ihrer Natur und großartigen Ausblicke auf den Gardasee ein lohnenswertes Ausflugsziel und ein Paradies für Mountainbiker. Für Aktive gibt es eine ganze Reihe ausgewiesener Wanderstecken durch den **Parco Alto Garda Bresciano** (Routenvorschläge auf der Website) und auch geführte Wanderungen, die für Inhaber der »Tignale Card« sogar gratis sind. Ein weiterer Grund, um in die Hochebene von Tignale zu fahren, sind die lokalen Genüsse die Feinschmecker dort erwarten: z. B. die hochgeschätzten Trüffel von Tignale – denen in der Trüffelwoche Ende September mit der Sagra del Tartufo ein Fest gewidmet ist. › mehr S. 14 Punkt ⓭ Zu schmecken gibt es auch den Grappa »Rugiada delle Alpi«, Bergblütenhonig und Bergkäse (Latteria Turnaria, Via XXIV Maggio, Gardola, Tel. 0365 734 71, www.latteriaturnaria.it). › mehr S. 17 Punkt ㉟

Beliebtes Ziel ist die Wallfahrtskirche **Madonna di Monte Castello** Vom Hauptort **Gardola** folgt man Richtung Tremosine der Beschilderung. Das auf den Überresten einer Scaligerburg im 13./14. Jh. errichtete und später barockisierte Marienheiligtum bietet in 700 m Höhe einen überwältigenden Blick auf den fast senkrecht darunter liegenden Lago (Kirche: Ostern–Okt. tgl. 9 bis 18 Uhr). Im kleinen Café in der Nähe kann man sich anschließend stärken.

Am Ende der Strecke warten allerdings 26 % STEIGUNG UND VIELE KURVEN!

INFO

Parco Alto Garda Bresciano

Visitor Center und Museum

- Via Europa 5 | Tignale, OT Prabione Tignale | Tel. 0365 733 54 www.tignale.org | www.parks.it/parco.alto.garda.bresciano/Gindex.html

RESTAURANT

Osteria la Miniera €–€€

Leckere Trüffelpasta, Tignale-Spieße in rustikalem Ambiente. Geduld mitbringen!

- Via Chiesa 9 | Tignale, OT Gardola
  Tel. 0365 76 02 25
  www.gardaminiera.it | Di geschl.

TOSCOLANO-MADERNO 29 B5

Dank ihrer guten touristischen Infrastruktur sind beide Städtchen des Doppelortes (8100 Einwohner) beliebte Ferienziele am Lago. **Madernos** Hauptattraktion ist die Pfarrkirche **Sant'Andrea** aus dem 12. Jh. am Ortsausgang Richtung Gardone Riviera (8–11.30, 14.30–18 Uhr). Fragmente eines vorchristlichen Tempels sowie Skulpturenreste des langobardischen Vorgängerbaus aus dem 8. Jh. sind an Fassade, Apsis und Westwand zu sehen. Das Eingangsportal zeigt Tierskulpturen, Arabeskenschmuck, Menschenköpfe und die typisch langobardische Flechtbandornamentik.

Die Sehenswürdigkeiten in Toscolano halten sich in Grenzen: Überreste der römischen Villa Nonii Arrii und Reste ehemaliger Limonaie. Nicht versäumen sollte man allerdings den Spaziergang durch das **Valle delle Cartiere** zum Papiermuseum **Museo della carta.** Der Weg führt am Toscolano-Flüsschen und den ehemaligen Papiermühlen entlang zum Museum. Das alte Handwerk wird hier anschaulich dokumentiert (www.valledellecartiere.it, April–Sept. tgl. 10–18, Juli/Aug. bis 19 Uhr, 7 €).

Ein weiterer Spaziergang führt von der Kirche **San Michele** in Toscolano auf einem markierten Weg zwischen Olivenhainen und Weingärten in 20 Min. zum Dorf **Gaino** 30, das Ausgangspunkt für Wanderungen in den Bergen ist. In der Nähe liegt der 18-Loch-Golfplatz von Toscolano-Maderno. Bei der Wallfahrtskirche **Santa Maria** genießt man das Seepanorama.

INFO

Tourist Information

- Via Sacerdoti | Toscolano-Maderno
  Tel. 0356 54 60 83
  www.comune.toscolanomaderno.bs.it
  www.visitgarda.de

PAPIERFABRIKEN

Der im Mittelalter durch die Fertigung von Eisenteilen für die venezianischen Galeeren reich gewordene Ort Toscolano erwarb sich mit einer florierenden Papierindustrie ein zweites, solides wirtschaftliches Standbein. So ließ sich hier bereits im 15. Jh. die erste Buchdruckerei der Lombardei nieder, in der jene Bibelausgabe gedruckt wurde, die Martin Luther später ins Deutsche übersetzte. Ein Spaziergang durch das »Tal der Papierfabriken«, wie sich **Valle delle Cartiere** übersetzt, führt vorbei an alten Fabrikruinen am Wildbach Toscolano, der in 600 m Höhe im Valvestino-See › **S. 132** entspringt.

AUTOFÄHRE

Von Toscolano-Maderno verkehrt im 35-Min.-Takt die Autofähre nach Torri del Benaco am Ostufer, Fahrzeit 25 Min. › **S. 27.** Im Sommer: 8–19.55 Uhr, im Winter weniger häufig.

- www.navigazionelaghi.it

HOTELS

Hotel Villa Maria au Lac €€€
Das charmante Hotel bietet komfortable Zimmer und eine Terrasse zum See.

- Via Roma 25 | Toscolano-Maderno
  Tel. 0365 54 62 01
  www.hotel-villamaria.org

GRATIS ENTDECKEN

- In einigen staatlichen/städtischen Museen ist am 1. Sonntag im Monat der Eintritt frei, z. B. im **MAG (Museo Alto Garda)** in Riva del Garda › **S. 55.**
- Entlang der Ostuferstraße im Gebiet Brenzone › **S. 64** gibt es viele schöne freie **Strände** mit Panoramablick.
- Der Besuch der an einer Felswand klebenden Wallfahrtskirche **Madonna della Corona** › **S. 70** beim Ort Spiazzi ist gratis.
- Wissenswertes zur Olivenölproduktion erfährt man im sehenswerten **Museo dell'Olio** › **S. 72** in Bardolino, direkt an der Durchgangsstraße im Ortsteil Cisano, der Eintritt ist frei.
- Nicht weit davon kann man sich das Weinmuseum **Museo del Vino** › **S. 73** am östlichen Ortsrand von Bardolino ansehen und viel über die Weine und Anbau am Gardasee lernen.

RESTAURANTS

Agriturismo del Gusto €€
Der Name ist Versprechung – ausgezeichnete Frischeküche, exzellente Weine, beschauliches Ambiente im Grünen, unbedingt reservieren!

- Loc. Lintri Montemaderno
  Toscolano-Maderno | Tel. 331 385 38 17
  Do–Di abends, Sa/So auch mittags

Il Gatto D'Oro €€
Die originelle Einrichtung ist gewöhnungsbedürftig, aber Katzenfreundin Sabrina kocht mit Leidenschaft Köstlichkeiten wie Gnocchi mit weißen Trüffeln.

- Via Fratelli Bianchi 41
  Toscolano-Maderno
  Tel. 0365 54 09 75 | Di Ruhetag

Trattoria La Sosta €–€€
Hier gibt's Gegrilltes. Die Trattoria ist bei den Einheimischen sehr beliebt.

- Via Cecina 82 | Toscolano-Maderno, OT Cecina | Tel. 0365 64 42 95
  Mi geschl.

GARDONE RIVIERA 31 ★ A/B5

Im Hauptort (2700 Einw.) der noblen Riviera Bresciana weist heute nichts mehr auf seine Vergangenheit als einfaches Fischerdorf hin. Der Prinz, der das Dornröschen vor etwa 100 Jahren erweckte, hieß Ludwig Wimmer. Der deutsche Ingenieur erkannte als Erster, welches Kapital sich aus der herrlichen Lage schlagen ließ und eröffnete 1880 einen kleinen Gasthof, der sich zur international bekannten Nobelherberge **Grand Hotel Gardone Riviera** › S. 92 mausern sollte. Bald gruppierten sich die Villen eines bunt gemischten, in jedem Falle aber wohlhabenden Völkchens rund um das Lokal, und es entstanden die Ortsteile **Gardone di Sotto** und **Gardone di Sopra** (das untere bzw. obere Gardone). Unten am See säumen elegante Hotels, Restaurants und Klubs die autofreie Uferpromenade.

Das höher liegende Viertel, zu dem die **Viale del Vittoriale** hinaufführt, schmückt sich mit einem ebenso berühmten wie umstrittenen Namen: Gabriele d'Annunzio, war Dichter, leidenschaftlicher Faschist und ein Freund Mussolinis. Seiner Wahlheimat hinterließ er ein bombastisches Monument, das **Vittoriale degli Italiani** (Siegesdenkmal der Italiener). › mehr S. 15 Punkt 23

Nur wenige Schritte entfernt hält der zauberhafte **Giardino Botanico – Fondazione Heller** 8 seine Pforten weit offen. 1910 schuf der Arzt Arthur Hruska diese Oase der Stille, in der seit den 1980er-Jahren bis 2014 der Wiener Allround-Künstler André Heller als Hausherr residierte. Die Anlage ist von kleinen Wasserfällen und Teichen, schmalen Brücken und verwunschenen Steigen durchzogen. Das Nebeneinander von tropischen Gewächsen, mediterraner und alpiner Flora begeistert auch Kinder. Einzigartiger Blickfang sind die fantasievollen bunten Skulpturen, die bedeutende Gegenwartskünstler gestaltet haben (www.hellergarden.com; März–Okt. tgl. 9–19 Uhr, Erw. 11 €, 6–11 J. 5 €, bis 5 J. gratis).

INFO

Tourist Information

- Corso Repubblica 8 | Gardone
  Tel. 0365 203 47 | www.visitgarda.com

HOTELS

Dimora Bolsone €€€

Bezaubernde Villa oberhalb vom Vittoriale, stilvolle Zimmer, Garten, erlesenes Restaurant auch für Nicht-Hotelgäste, fürstliches Frühstück.

- Via Panoramica 23 | Gardone
  Tel. 0365 210 22
  www.dimorabolsone.it

VITTORIALE DEGLI ITALIANI

Die monumentale Anlage von Gabriele d'Annunzio 1938 ist vollgepackt mit Kunst und Kuriositäten und umfasst u. a. neben seinem Wohnhaus ein Amphitheater, ein Mausoleum mit seinem Grab, ein Museum und sogar ein Schiff. Nicht versäumen sollten Sie die Führung durch seine üppig mit Sammelobjekten bestückte Villa (Via Vittoriale 12, Tel. 0362 965 11, www.vittoriale.it; Saison tgl. 9–19, Winter 9–16 Uhr; 8–13 €, mit Führung 16 €). Tipp: Die Konzerte, Theater- und Ballettaufführungen im Sommer im Amphitheater des Vittoriale sind ein einzigartiges Erlebnis, www.anfiteatrodelvittoriale.it.

Grand Hotel Gardone Riviera €€€
Luxusherberge mit fast 100-jähriger Tradition, direkt am See.

- Corso Zanardelli 84 | Gardone
  Tel. 0365 202 61
  www.grandhotelgardone.it

RESTAURANTS

Osteria Antico Brolo €€–€€€
Vorzügliche Küche in elegantem Ambiente mit schönem Innenhof, etwas versteckt oben im Ort gelegen.

- Via Carere 10 | Gardone
  Tel. 0365 214 21
  www.ristoranteanticobrolo.it
  Di–So 12.15–14, 19.30–22 Uhr

Agli Angeli €€
Nettes Ambiente und vorzügliche Küche zeichnen das Lokal an einem romantischen Platz in Gardone sopra aus.

- Piazetta G. Garibaldi | Gardone
  Tel. 0365 209 91 | www.agliangeli.biz

SALÒ 32 ★ A5

Dank seiner geschützten Lage am Fuß des Monte Bartolomeo ist Salò (10 600 Einw.) der wärmste Ort am Gardasee. Und wohl auch auch einer der schönsten mit seiner langen Seepromenade, den eleganten Palazzi, Boutiquen, Hotels und Restaurants. Salò war schon immer wohlhabend. In römischer Zeit, war er Verwaltungsort. Auch im Mittelalter spielte Salò eine wichtige Rolle, wie die noch erhaltenen Architekturschätze bezeugen. Mit dem **Dom Santa Maria Annunziata** und seinem prachtvollen Marmorportal besitzt die Stadt das bedeutendste Gotteshaus der Spätgotik am Gardasee (Mitte 15. Jh.). Den in mystisches Dunkel getauchten dreischiffigen Innenraum krönt eine 11 m hohe gotisch-venezianische Kuppel von 44 m Umfang. Genauere Betrachtung verdient das spätgotische Kruzifix des deutschen Bildschnitzers Hans von Ulm (1449, 1. Kapelle links) und an der linken Langhauswand das eigenwillige Gemälde »Hl. Antonius von Padua« des Brescianer Renaissancemalers Girolamo da Romano, genannt Romanino (1486–1562).

Nicht weit vom Dom, an der Seepromenade Lungolago Zanardelli, liegt der **Palazzo della Magnifica Patria** (16. Jh.), ehemals Sitz des venezianischen Statthalters, der durch einen schönen Arkadengang mit dem **Palazzo del Podesta** (Rathaus, 16. Jh.) verbunden ist, Früher tagte hier der Rat »Communità della Riviera«, heute Sitz der Stadtpolizei. Auch das kleine **Museo Civico Archeologico A.M. Mucchi** mit Funden aus der Römerzeit befindet sich darin (Lungolago Zanardelli 55, Tel. 0365 206 61, Mo–Fr 10–12 Uhr).

Nach langer Bauzeit hat das **MuSa** (Museo di Salò) in einem ehemaligen Kloster seine Pforten geöffnet: Topmodern werden heute die Sammlungen zur Geschichte des Ortes und wechselnde Kunstausstellungen präsentiert (Centro Culturale Santa Christina, Via Brunati 9, Tel. 0365 205 53, www.museodisalo.it, tgl. 10–20 Uhr, 14 €).

Elegante Boutiquen laden nach dem Flanieren am Lungolago zu einem Einkaufsbummel in der Altstadt ein – in der Via Butturini und an der Piazza Zanelli findet man alles, was angesagt und ist: Schuhe, Mode, Design.

Im 2 km entfernten Vorort **Barbarano** liegt das sehenswerte, im 15. Jh. errichtete **Kapuzinerkloster** mit der Klosterkirche, deren Portal beeindruckt. Der nahe gelegene **Palazzo Martinengo** (16. Jh.) inmitten eines Parks ist für Besucher nicht zugänglich. Man kann ihn aber vom Wasser aus bewundern, wenn man das Schiff von Salò Richtung Gardone Riviera › S. 90 nimmt.

INFO

Tourist Information

- Piazza Sant'Antonio, im Rathaus Salò | Tel. 0365 214 23 www.visitgarda.com

HOTELS

Hotel Laurin €€€

Bildschönes Hotel in einer Jugendstilvilla etwas außerhalb von Salò. Es liegt leider direkt an der Straße, aber mit tollem Seeblick.

- Viale Landi 9 | Salò Tel. 0365 220 22 www.hotellaurinsalo.com

Vigna €€

Traumlage am östlichen Anfang der Seepromenade, dennoch ruhig, familiäres, herzliches Wohlfühlambiente, Seeterrasse.

- Lungolargo Zanardelli 62 | Salò Tel. 0365 52 01 44 www.vignagardasee.com

Panoramica €–€€

Die Aussicht und die Küche sind bemerkenswert, beides bekommt man auf einem Hügel 2 km von der Altstadt entfernt.

- Via del Panorama 28 | Salò Tel. 0365 412 69 www.hotelpanoramica.com

RESTAURANTS

Agriturismo Il Bagnolo €€

Die 7 km kurvige Anfahrt wird reich belohnt, hier wird Bio-Küche serviert, hausgemacht.

- Via Serniga | Salò-Bagnolo Tel. 0365 202 90 | www.ilbagnolo.it

Salò hat eine der schönsten Uferpromenaden am Gardasee

Antica Trattoria alle Rose €€
Die junge Leitung punktet mit ambitionierter regionaler Küche.
- Via Gasparo da Salò 33 | Salò
  Tel. 0365 432 20
  www.trattoriaallerose.it | Mi geschl.

Osteria di Mezzo €€
In einer Nebenstraße im Zentrum bietet die familiäre Osteria solide Küche.
- Via di Mezzo 10 | Salò
  Tel. 0365 29 09 66
  www.osteriadimezzo.it | Di Ruhetag

SHOPPING

Flaniermeile Via Butturini
Elegante Shoppingmeile hinter dem Rathaus, die in die von attraktiven Läden flankierte Via San Carlo übergeht.

AUSFLUG INS VAL DI SUR 33 A5

Zum 568 m hohen **Monte San Bartolomeo** führt eine kurvenreiche Straße über die gleichnamige Ortschaft. Das Val di Sur im Hinterland ist von **Serniga** bzw. **San Michele** über eine enge, steile Straße zu erreichen. Von dort gibt es Wanderwege zum Rifugio Pirlo, Ausgangspunkt für den zweistündigen Aufstieg zum **Monte Pizzocolo** (1582 m) oder ca. 2 Std. zum **Passo di Spino** (1160 m).

ISOLA DEL GARDA 34 ★ B6

Die bereits im Altertum bewohnte Insel zählte im 19. Jh. zum Besitz der Grafen Lechi, heute gehört sie der Familie Borghese Cavazza, die einige Zimmer im prächtigen neogotischen Palast und die wunderbaren englischen und italienischen Gärten für Besucher im Rahmen von Führungen öffnet (www.isoladelgarda.com). › mehr S. 16 Punkt 29
Anreise per Schiff von Gardone, Salò, Desenzano, Sirmione, Barbarano oder Bardolino.

VALTÈNESI A6/7

Von Salò bis Padenghe erstreckt sich die hügelige Moränenlandschaft des Valtènesi mit seinen beliebten Ferienorten San Felice del Benaco, Manerba, Moniga del Garda, Polpenazze und Padenghe. Die trutzigen Festungsanlagen auf den Hügeln über den kleinen Gemeinden bezeugen allerdings, dass die Geschichte dieser Gegend nicht immer friedlich verlief. Zahlreiche preisgünstige Ferienanlagen, Campingplätze und gute Bademöglichkeiten machen die Gegend zu einem beliebten Ziel für Familienurlaub.

Ihren Ruf als Genussregion verdankt das Valtènesi vor allem ihren feinen Erzeugnissen und nicht zuletzt den süffigen Weinen, dem Rosé Chiaretto und dem Rotwein Groppello, die in knapp 30 Weinkellereien gekeltert werden. Außerdem produzieren sieben Ölmühlen *(frantoio)* bestes natives DOP-Gardasee-Olivenöl. Und zahlreiche Osterie und Gaststuben der Agriturismi verarbeiten typische Produkte der Region wie Fisch, Wild und Valtènesi-Trüffeln zu leckeren Gerichten.

Die Kirche San Fermo steht auf der gleichnamigen Landzunge von San Felice del Benaco

Die Region punktet das ganze Jahr über außerdem mit kulinarischen Events wie dem Chiaretta-Weinfest in Moniga del Garda (Frühjahr). Damit die Gäste leichter zu den genüsslichen Highlights finden, haben die Vereinigung Tourist Coop Valtènesi mit Sitz in San Felice del Benaco und »Strada dei Vini e dei Sapori« (Via Porto Vecchio 34, Desenzano, www.stradadeivini.it, Tel. 030 999 04 02) auf ihren reichhaltigen Websites Wegweiser zu Agriturismi, Weinkellereien und Produzenten, sowie Hinweise auf Genussevents sowie für Aktivurlauber entspannte Fahrradtouren zusammengestellt.

SAN FELICE DEL BENACO 35 A6

Der Valtènesi-Ort thront auf einem Hügel. In der Pfarrkirche **SS Felice, Audato e Flavia** aus dem 18. Jh. bewundert man ein Gemälde von Girolamo da Romano. Die Schutzheiligen werden am 30. August gefeiert. Über enge Sträßchen gelangt man zu den Badebuchten von **Porto San Felice** und der Halbinsel **San Fermo,** die hier nur ein schmaler Streifen Wasser von der Isola del Garda trennt.

INFO

Tourist Coop Valtènesi

- Piazza Municipio 1
  San Felice del Benaco
  Tel. 0365 55 81 60
  www.gardavaltenesi.com

RESTAURANT

Da Osvaldo €€–€€€

Direkt am Hafen von Portese, grandioser Ausblick auf See und Berge, gute Küche, leider teuer.

- Piazzale Marina d'Italia 5
  San Felice del Benaco
  Tel. 0365 621 08

MANERBA DEL GARDA 36 B6

Der Hauptort der Gemeinde Manerba ist das 128 m hoch gelegene **Solarolo.** Die schönste Aussicht bietet bei Montinelle die **Rocca di Manerba** (218 m). Von der Felsnase der Punta Belvedere überblickt man die reizvolle **Bucht von San Felice** mit der kleinen Insel San Biagio.

Sehenswert ist die 3 km nördlich des Ortsteils Pieve Vecchia inmitten von Weinbergen liegende, freskengeschmückte Wallfahrtskirche **Santa Maria del Carmine** (15. Jh.). Lieblichen Charme strahlt die von einem einheimischen Künstler des 15. Jhs. gemalte Verkündigungsszene im Chor aus. Und die aus Holz geschnitzte Madonnenfigur »Patrona della Valtènesi« zwischen Heiligen und Engeln ist einfach bezaubernd.

RESTAURANT

La Corte Antica €€–€€€

Wer gern gut isst, ist hier richtig, delikate, fantasievolle Gerichte in gediegen elegantem Ambiente.

- Via Marchesini 18F | Manerba
  Tel. 328 228 44 14
  www.lacorteantica.com

Agriturismo Dalie e Fagioli €€

Erstklassige kreative Küche in stimmungsvoller Umgebung.

- Via Campagnola 45 | Manerba
  Tel. 0365 190 33 11 | Do geschl.

SHOPPING

Cantine e Frantoio Avanzi

Weine, Schaumweine, Grappa und DOP-Olivenöl aus eigener Produktion.
› mehr S. 17 Punkt 33

- Via Trevisago 19 | Manerba
  Tel. 0365 55 13 09
  www.avanzi.net

MONIGA DEL GARDA 37 ★ A7

Beschützt von zinnenbewehrten Burgmauern aus der Zeit, als hier die Visconti und die Scaliger ihre heftigen Fehden austrugen, breitet sich einer der hübschesten Valtènesi-Orte aus. Das beschauliche Moniga ist ein Zentrum der Chiaretto-Produktion, den man in einer Bar am stimmungsvollen Hafen genießen kann.

RESTAURANT

Al Porto €€–€€€

Exzellente Seefischgerichte auf der schattigen Terrasse am Lago.

- Via del Porto 29 | Moniga
  Tel. 0365 50 20 69 | Mi geschl.

PADENGHE SUL GARDA 38 A7

Schon von Weitem sind die Ruinen der mächtigen Burganlage aus dem 10. Jh. sichtbar, die zur Scaligerzeit über den Ort wachte. Diese südlichste Bastion im Südwesten des Gardasees liegt auf einem Hügel in herrlicher Panoramalage.

Lohnenswert ist der Besuch im Hofladen der Bio-Ölmühle Calvino Gusto Supremo › S. 32, › mehr S. 18 Punkt 39, der auch Agriturismo-Unterkünfte in Olivenhainen anbietet, sowie des Weinguts Zuliani (Via Tito Speri 28, Tel. 030 990 70 26, www.vinizuliani.it; Mo–Sa 9–12.30, 15–19 Uhr). Die hier schon seit römischer Zeit kultivierte Groppello-Traube ist Grundlage vieler köstlicher Weine.

Über Padenghe sul Garda thront mächtig die verfallene von den Scaligern erbaute Festung

IM ZENTRUM DES REBLANDS

Nur 4 km sind es vom quirligen Seeufer ins ruhige Hügelland des Valtènesi mit seinen Olivenhainen und Reben, mittendrin das Dorf **Polpenazze** 39 A6, Zentrum der Wein- und Olivenölproduktion, 50 % der Trauben kommt von den hiesigen Weinbergen.

Von hier fährt man weiter zum höchsten Punkt des Valtènesi, zum hübschen Dorf **Soiano del Lago** 40 A7. Der 1500-Seelen-Ort schmiegt sich um eine kleine, von Zypressen umgebenen Festung, von der man einen wunderbaren Blick auf das Rebland und den Gardasee genießt. In der Pfarrkirche San Michele kann man Bilder von Celesti und Bertanza sowie eine barocke Orgel bewundern. Der Ausflug lohnt sich auch in kulinarischer Hinsicht, gleich zwei exzellente Restaurants verwöhnen Gäste mit vorzüglicher Brescianer Küche (s. u.). Und Golfspieler genießen die herrliche Lage auf dem Platz des **Garda Golf Country Clubs** bei Soiano › S. 28.

RESTAURANTS

Ristorante Al Monastero €€€

Regionale Spezialitäten, große Weinauswahl in wunderschönem Ambiente.

- Via Aldo Moro 1 | Soiano del Lago
  Tel. 0365 50 22 03
  www.monastero.it

San Rocco €€–€€€

Elegantes Ambiente mit Seeblick in der Residenz der Ölmühle Manestrani und vorzügliche Frischeküche.

- Via P. Avanzi 11 | Soiano
  Tel. 0365 198 04 99
  www.sanroccoristorante.com

DAS SÜDUFER

Während des Mille-Miglia-Rennens sieht man in den Gassen von Sirmione öfter Klassiker von einst

Karte S. 100

Am flachen Südufer breiten sich die größten Städte aus wie Desenzano und Peschiera, dazwischen erstreckt sich die Halbinsel Sirmione weit in den See hinein. Im Hinterland begegnet man Italiens eindrucksvoller jüngerer Geschichte.

Das flache Südufer besitzt die meisten und beliebtesten Strände. Und mit **Desenzano** und **Peschiera** haben sich hier auch die größten Gardaseestädte ausgebreitet. Ein Juwel am Südufer und das beliebteste Ausflugsziel ist **Sirmione**. Dem Zauber dieser Halbinsel mit ihrer Scaligerburg kann man sich kaum entziehen.

Am südöstlichen Südufer gedeihen in der fruchtbaren Hügellandschaft des Hinterlands Trebbiana-Reben, aus denen der für die Gegend bekannte Luganawein gekeltert wird. Auch das grüne Hügelland um **Custoza** herum ist bekannt für den spritzigen Bianco di Custoza. Orte wie **San Martino della Battaglia** und **Solferino** und ihre Gedenkstätten erinnern allerdings daran, dass man sich auf blutdurchtränktem historischem Boden bewegt: Ein wichtiger Schritt im 20 Jahre währenden Kampf um die Vereinigung zu einem unabhängigen Nationalstaat Italien *(Risorgimento)* war der Sieg gegen die Österreicher in der verheerenden Schlacht von Solferino 1859, der 40 000 Soldaten zum Opfer fielen. Angesichts der zahllosen Verwundeten gründete der Genfer Kaufmann Henry Dunant das Rote Kreuz.

Beschaulicher gibt sich der Fluss-Mincio, an dessen Ufer das für seine Tortellini berühmte Städtchen **Valeggio sul Minco** mit dem bezaubernden Ortsteil Borghetto siedelt.

TOUR IN DER REGION

TOUR 8

SÜDUFER UND HINTERLAND

ROUTE: Peschiera > San Martino della Battaglia > Solferino > Castiglione delle Stiviere > Valeggio sul Mincio > Custoza > Peschiera

KARTE: Seite 100

DAUER: 1 Tag, 75 km

PRAKTISCHE HINWEISE:

- Diese Tour ist für Autofahrer konzipiert, die Straßen sind gut ausgebaut.
- Von Peschiera kann man am beschaulichen Fluss Mincio bis nach Valeggio sul Mincio entlangradeln und mit guter Kondition weiter bis Mantua. > **mehr S. 12 Punkt 3**

TOUR-START:

Ausgangspunkt der Tour ist **Peschiera del Garda** 5 > S. 108, dessen strategische Bedeutung durch seine Lage direkt am Ausfluss des Mincio aus dem Gardasee bedingt war. Noch heute zeugt der breite Bastionsgürtel um die Altstadt von den Anstrengungen, feindliche Schiffe an der Einfahrt in den See zu hindern. Auf der kleinen Straße am nächsten zum Seeufer fahren Sie in Richtung Sirmione, wobei Sie gleich im Westen von Peschiera, Anfang des Ortsteils San Benedetto, im Shop des Weinguts Zenato (Strada San Benedetto 8, Tel. 045 755 03 00, www.zenato.it) hervorragende Lugana- und weitere Weine vom Gardasee probieren können. > mehr S. 16 Punkt 32 Weitere Verkaufsräume von interessanten Weingütern liegen direkt an der Strecke. In Sirmione biegen Sie nach links in Richtung Autostrada ab. Nach etwa 3 km erreichen Sie **San Martino della Battaglia** 9 > S. 110, dessen 74 m hohes Mahnmal schon von Weitem zu sehen ist. In seinem Inneren führen große Panoramabilder Ereignisse der Einigungskriege vor Augen.

Nächste Station ist **Solferino** 10 > S. 111, Schauplatz der blutigsten Auseinandersetzungen im Kampf um die Einheit. Von der Rocca reicht der Blick über die einstigen Schlachtfelder, und das Museo Storico erzählt anschaulich von diesen für Italien so wichtigen Ereignisse. Spätestens beim Besuch des Ossariums der Kirche San Pietro, in dem die Knochen von rund 7000 Gefallenen in Reih und Glied aufgetürmt sind, kann man sich des Schauderns nicht erwehren.

Von Solferino geht es weiter Richtung Westen ins 5 km entfernte **Castiglione delle Stiviere** 11 > S. 111, wo

TOUR AM SÜDUFER

TOUR 8

SÜDUFER UND HINTERLAND

Peschiera > San Martino della Battaglia > Solferino > Castiglione delle Stiviere > Valeggio sul Mincio > Custoza > Peschiera

das Museo delle Croce Rossa an die Gründung des Roten Kreuzes erinnert, die von diesem Ort ausgegangen ist. Von hier fahren Sie in östlicher Richtung nach **Borghetto di Valeggio sul Mincio** 12 › S. 112. Es fällt nicht schwer, in diesem von den Wassern des Mincio umtosten Ortes eine längere Pause einzulegen, am besten im schattigen Garten der Antica Locanda Mincio. Danach entscheiden Sie, ob Sie noch den riesigen **Parco Giardino Sigurta** › S. 113, an der Ortsausfahrt von Valeggio Richtung Peschiera, besuchen oder gleich nach **Custoza** 13 › S. 114 weiterfahren möchten. Der Schauplatz zweier großer Schlachten gegen Österreich, 1848 und 1866, ist heute ein beschauliches und wichtiges Weinbaugebiet für den Weißwein Bianco di Custoza und bekannt für seine Weinkellereien. Anschließend geht es über Salionze am Ufer des Mincio zurück nach Peschiera.

UNTERWEGS AM SÜDUFER

DESENZANO DEL GARDA 1 A8

Mit mehr als 27 000 Einwohner ist die am Südwestende liegende Stadt die größte am Gardasee. Schon unter den Römern wurde in dem seit prähistorischer Zeit besiedelten Hafen Handel betrieben, eine Tradition, die sich bis heute fortgesetzt hat. Der große **Wochenmarkt** jeden Dienstagvormittag lockt viele Besucher an, die anschließend die Bars und Straßencafés am alten Hafen und unter den Arkaden an der Piazza bevölkern. Nur wenige Schritte entfernt verbirgt sich am Ende des Seitengässchens Via Crocefisso, links vom Dom, die **Villa Romana** (3. Jh. n. Chr.) mit mehreren Gebäuden, eine Thermenanlage des 1. Jhs. sowie eine Basilika (um 400). Hauptattraktion sind die Mosaikböden in einer römischen Villa des 3. Jhs. mit Landleben-Motiven, Fischer- und Jagdszenen. Ein Museum im Eingangsbereich der Villa zeigt in drei Sälen bei den Ausgrabungen entdeckte Fundstücke (Tel. 030 914 35 47, Di–So 9–17 Uhr).

Im **Dom Santa Maria Maddalena** (um 1600) an der Piazza del Duomo beeindruckt in der zweiten Kapelle links Giovanni Battista Tiepolos Frühwerk »Letztes Abendmahl« durch die raffinierte Lichtführung. Auch die Monumentalgemälde des Venezianers Andrea Celesti (1637–1712) an der Innenfassade und in der Apsis sind sehenswert. Der Aufstieg zu den Ruinen des mittelalterlichen Castello über der Stadt lohnt vor allem wegen der Aussicht.

INFO

Tourist Information

- Via Porto Vecchio 34 | Desenzano
  Tel. 030 914 15 10 | www.visitgarda.com

Lokale und Bars rahmen den alten Hafen von Desenzano ein

HOTELS

Villa Rosa Hotel €€–€€€

Das elegante 4-Sterne-Hotel liegt direkt am See nur 10 Min. von der Altstadt und hat ein Gourmetrestaurant: Rose & Sapori.

- Lungolago C. Battisti 89 | Desenzano
  Tel. 030 914 19 74
  www.villarosahotel.eu

Piroscafo €€

Solider Familienbetrieb direkt am alten Hafen; lassen Sie sich ein Zimmer mit Balkon geben!

- Via Porto Vecchio 11 | Desenzano
  Tel. 030 914 11 28 | www.hotelpiroscafo.it

RESTAURANTS

Esplanade €€€

Exklusives Ambiente, delikate Fischgerichte und Gaumengenüsse, feine Desserts und eine wunderschöne Seeterrasse.

- Via Lario 3 | Desenzano
  Tel. 030 914 33 61
  www.ristorante-esplanade.com
  Mi geschl.

Osteria Saporedi Vino €€

Gemütliches kleines Lokal in der Altstadt, schmackhaftes Essen, süffiger Hauswein.

- Via Roma 45 | Desenzano
  Tel. 030 912 08 42
  www.ristorantepizzeriagarda.com

EISCAFÉ

Vivaldi

Der Eismacher an der Uferstraße, unbedingt probieren: die Eistramezzini!

- Piazza Matteotti 9 | Desenzano

NIGHTLIFE

Art

Angesagte Diskothek mit schriller Unterhaltung (Mi, Fr, Sa ab 23.30 Uhr).

- Via Mella 4 | Desenzano
  Tel. 030 912 72 85 | www.artclubdisco.com

Sestino Beach

Klubatmosphäre und Unterhaltung mit Qualität (Fr/Sa 21–3 Uhr).

- Via F. Agello 41 a | Desenzano
  Tel. 329 247 24 52 | www.sestinobeach.it

SHOPPING

Großer Antiquitätenmarkt auf der Piazza Malvezzi jeden 1. Sonntag im Monat 9–19 Uhr (nicht Jan. und Aug.).

Il Leone Shopping Center
Große Mall mit 120 Geschäften bei Lonato.
• Via Mantova 36 | 25017 Lonato
www.illeonedilonato.com | tgl. 9–22 Uhr

AUSFLÜGE VON DESENZANO

LONATO 2 ★ A8

Das typisch lombardische Städtchen ist in die Geschichte eingegangen: Hier gewann Napoleon 1796 die Schlacht gegen die Österreicher. Wenn man sich der Stadt, 4 km südwestlich von Desenzano, annähert, kann man sich an der Silhoutte mit der Kuppel der **Barockkathedrale San Giovanni Battista** (1738 bis 1780 errichtet) und dem Stadtturm **Torre Maestra** nicht sattsehen. Ein Spaziergang in der Altstadt führt von der Piazza Matteotti zur Piazza Centrale mit dem Palazzo Municipale.

Von der Ruine der Festunganlage **Rocca** (11. Jh.), die schon Napoleon beeindruckte, schweift der Blick bis weit in die lombardische Ebene hinein. Auf dem Weg zur Festung kommt man an der **Casa del Podestà** vorbei, im Mittelalter Sitz des Stadtvogts. Der Politiker, Historiker und Kunstsammler Ugo Da Como hat das Anwesen im 19. Jh. mit erlesenen Möbeln, Gemälden und einer reich bestückten Bibliothek liebevoll ausgestattet (Fondazione Ugo Da Como, Tel. 030 913 00 60, www.fondazioneugodacomo.it, tgl. 10 bis 12, 14.30–18.30 Uhr, 6 €).

ABBAZIA DI MAGUZZANO 3 A7

Wer für eine Weile das turbulente Leben rund um das in Sichtweite liegende Desenzano vergessen möchte, fährt zu der ehemaligen Benediktinerabtei Abbazia di Maguzzano, 5 km nördlich von Lonato. Ende des 9. Jhs. errichtet, wurde die »Abbatiola« von den Hunnen 922 zerstört und nach dem Wiederaufbau im 14. Jh. von Soldaten der Visconti geplündert. Im 15. Jh. erhielten die Kirche und der blumengeschmückte Kreuzgang ihr heutiges Aussehen. Napoleon löste das Kloster 1797 auf, in dem u.a. der von Heinrich VIII. verbannte englische Kardinal Reginald Pole Zuflucht gesucht hatte. Im 19. Jh. verfiel die leer stehende Abtei, bis sie 1904 von Zisterziensermönchen aus Algerien gekauft und buchstäblich

Die Altstadt von Lonato mit Dom und Torre Maestra

im letzten Moment gerettet wurde. Als »Centro Ecumenico Abbazia di Maguzzano« setzt die einstige Abtei heute nicht nur das Werk Don Calabrias fort, sie bietet als »Casa di Spiritualità« auch Klosterurlaub für jedermann an (Abbazia du Maguzzano, Lonato, Tel. 030 913 01 82, www.abbaziadimaguzzano.it).

SIRMIONE 4 9 B7/8

Das beliebteste, allerdings ziemlich überlaufene Ausflugsziel des Gardasees (8200 Einwohner) liegt an der Spitze der schmalen, weit in den See hineinragenden Halbinsel, die an ihrem Ende mit drei Felsenhügeln aus dem leuchtenden Blau des Wassers emporsteigt. Da im Sommer die Parkplätze restlos überfüllt und teuer sind, ist es nicht nur besonders reizvoll, sondern auch klug, sich Sirmione auf dem Wasserweg zu nähern. Schiffe fahren von allen Orten am Gardasee hierher.

Blickfang ist die mächtige **Wasserburg der Scaliger,** die am besten erhaltene Festungsanlage Norditaliens. Mastino I. della Scala ließ 1250 diesen Wehrbau mit zinnengekrönten Ringmauern, Torbögen, Zugbrücken, Schießscharten und Fallgittern auf dem einstigen römischen Osthafen errichten. Ein 30 m hoher Turm überragt das Kastell. Die Aussicht über den ganzen südlichen Gardasee ist überwältigend (im Sommer tgl. 8.30–19 Uhr, sonst bis 17 Uhr, 6 €, mit historischem Hafen 9 €).

Ein einziges Tor führt in Sirmiones Altstadt hinein mit zunächst gefühlt einem Dutzend Gelaterie, gefolgt von unzähligen Souvenirshops, die sich hier aneinanderreihen, dann erst kann man sich auf die bunten Gassen und Häuser konzentrieren. Das geschäftige Treiben nimmt spätestens beim Thermalbad wieder ab. Inmitten einer üppigen Vegetation steht auf der Spitze

Das Wahrzeichen von Sirmione ist die imposante Burganlage

des Mavino-Hügels das hübsche Kirchlein **San Pietro in Mavino,** im 8. Jh. von langobardischen Mönchen erbaut und im Laufe der Jahrhunderte auf vier übereinanderliegenden Kalkschichten mit Fresken ausgestattet (tgl. ab 8 Uhr bis Sonnenuntergang).

An der Spitze der Halbinsel erstrecken sich die Reste einer über 17 000 m² großen römischen Anlage, die **Grotte di Catullo.** Der zu seiner Zeit lebenslustige, aber wegen seiner deftigen Liebesverse nur wenig geschätzte Dichter konnte die Anlage nicht gekannt haben, da er rund 200 Jahre vor ihrer Errichtung starb. Welche Funktion dieser mächtige Gebäudekomplex einst innehatte, lässt sich nur vermuten. Wahrscheinlich handelte es sich um ein kaiserliches Gästehaus oder gar einen kaiserlichen Palast mit angeschlossenem Thermalbad. Ein Schwimmbecken wurde über Bleirohre von den Boiola-Quellen am Seeufer gespeist. Die schwefelhaltigen, 69 °C heißen Quellen wurden schon im 16. Jh. wiederentdeckt, aber erst 300 Jahre später gefasst.

Das kleine **Museum** am Eingang der erst teilweise freigelegten archäologischen Zone lässt anhand einiger erlesener Fundstücke die einstige Pracht des römischen Bauwerks erahnen (März–Mitte Okt. Di–So 9–19.30, Winter bis 16 Uhr, Di geschl., 6 €, unter 18 J. gratis).

Die Thermen von heute in Sirmione heißen **Centro Benessere Termale Aquaria** und umfassen zwei klassische Thermalkurbäder, die Terme Catullo, für unterschiedliche Heilanwendungen mit schwefelhaltigem Thermalwasser, das 69 °C heiß aus einer Quelle im See sprudelt, ferner die Terme Virgilio in Columbare di Sirmione für spezielle Heilanzeigen und die 10 000 m² große moderne, allerdings nicht gerade billige Thermalwellnessoase Aquaria mit Saunen, Dampfbädern, Tretbecken und Aromatherapie-Erlebnisduschen (Piazza Don A. Piatti 1, Tel. 030 91 60 44, www.termedisirmione.com, Mo–Mi 9–22, Do 11 bis 24, Fr–So 9–24 Uhr, am besten online buchen, da Tagesangebote).

DIE ATTRAKTIVSTEN BADEPLÄTZE

- Auf dem **Lido delle Bionde** in **Sirmione** kann man unterhalb von Olivenbaumterrassen am breiten Kiesstrand das kühle Nass genießen.
- Ein erfrischendes Bad vor dem Panorama des Monte Baldo: kein Problem am **Lido di Soprì** D3 bei **Malcesine.**
- Direkt am Zufluss des Gardasees in Torbole, der Sarca, kann man am **Lido Blu** baden > S. 60.
- So exklusiv wie in Gardone Riviera selbst geht es auch am gepflegten **Hausstrand** der Gemeinde in **Barbarano** zu > S. 90.
- In der **Streusiedlung Brenzone,** direkt an der Gardesana Orientale, gibt es kleine frei zugängliche Badestellen mit Ministrand und kristallklarem Wasser > S. 64.

KUREN IN WELLEN UND GROTTEN

Thermalhotel Fonte Boiola in Sirmione

Schon die alten Römer wussten die Thermalquellen um den Gardasee besonders zu schätzen. Die Badeanlage **Terme Catullo** in Sirmione › S. 105 ist ein Beispiel dafür.

Heute hat sich der See als beliebte Destination für Kur- und Wellnessurlauber einen Namen gemacht. Fast in jedem Ort bieten Wellnesshotels in der gehobenen Kategorie ein teils von Thermen gespeistes Spa (www.gardasee.de/wellness). Entstanden sind aber neben den bekannten Thermen wie Centro Benessere Termale Aquaria in Sirmione auch neue spektakuläre Wellness- und Aquaparks:

WELLNESSTEMPEL DER SUPERLATIVE AM LAGO

Das angeblich größte Wellnesszentrum Europas hat sich nur etwa 20 Autominuten von Bardolino entfernt angesiedelt: In jedem Fall ist **Aquardens** wohl auch der fantastischste Thermalpark Oberitaliens mit Thermalsee, mehreren verbundenen Thermalbecken, Lagunen, Grotten, Wasserfällen, modernstem Spa-Bereich und Heilanwendungen mit dem salz-, brom und jodhaltigen Wasser, das 47 °C heiß aus der Tiefe kommt. Angeboten werden auch Massagen und vielfältige Anwendungen wie Tuina und Thalasso. Der 35 000 m² große Park befindet sich im winzigen Ort Pescantino, unweit von Sant'Ambrogio di Valpolicella › S. 73. In der riesigen Anlage lohnt es sich, einen ganzen Tag oder Abend zu verbringen.

- **Aquarden** E7
  Via Valpolicella 63 | S. Lucia di Pescantina
  Tel. 045 670 44 06 | www.aquardens.it/de

Öffnungszeiten unterschiedlich,
diverse Pakete ab 31€/Tag,
ab 27 €/4 Std. Park und Sauna

THERMALBADEFREUDEN FÜR ITALIENROMANTIKER

Der 5000 m² große natürliche Thermalsee der **Villa dei Cedri** bei Colà di Lazise wird von einer natürlichen Thermalquelle gespeist und ist 33 °C warm, weitere Becken sind 37–40 °C heiß. An dem einzigartigen See mit Massagedüsen kann man herrlich entspannen und dann unter vorwiegend italienischen Familien einen Tag verbringen, das Wellness Center mit seinen Saunen und Massagen nutzen, die Villa dei Cedri anschauen oder im Park lustwandeln. Besonders schön ist das Ambiente am Abend, wenn die Grotten stimmungsvoll illuminiert sind.

- Parco Termale del Garda Villa dei Cedri D8
  Piazza di Sopra 4 | Colà di Lazise
  Tel. 0457 59 09 88
  www.villadeicedri.com
  So–Fr 9.30–23, Sa bis 1 Uhr, 24 €/Tag,
  ab 15 Uhr 20 €, Kinder ab 1,20 m 16 €

GANZ SCHÖN AUF KUR

Wo die Römer einst schlemmten, kuren heute gern Einheimische und Gäste von nah und fern. Die 1889 gefassten, knapp 70 °C heißen unterseeischen Schwefelquellen der **Thermen von Sirmione** sollen bei akuten und bei chronischen HNO-Leiden Wunder wirken, ebenso bei Rheuma, Muskelbeschwerden und Hautkrankheiten. In dem nüchternen Kurhaus von Sirmione kann man in ein spezielles Becken mit salz-, jod- und bromhaltigem Wasser tauchen.

Das Kurzentrum von Sirmione umfasst die Bäder **Terme Catullo** und **Terme Virgilio** sowie die öffentliche Therme **Aquaria** › S. 105 mit Innen- und Außenbecken, Saunen, Erlebnisduschen, Salzzimmer, Dampfbädern und diversen Massagen, inklusive bezauberndem Seepanorama.

Das **Grand Hotel Terme** › S. 108 in Sirmione mit seiner prächtigen Seeterrasse ist auf Wellnesspackages spezialisiert und bietet »Rundumerneuerung« in der hauseigenen Thermal- und Beautyfarm sowie bei Gymnastikkursen.

Kleiner und intimer geht es im Thermalhotel **Fonte Boiola** zu. Das Haus verbindet ein angenehmes Ambiente mit dem Komfort eines großen Thermalzentrums.

- Hotel Fonte Boiola €€ B7
  Viale Marconi 11 | Sirmione
  Tel. 030 990 49 22
  www.termedisirmione.com

Thermalpark Aquardens

INFO

Tourist Information

- Viale Marconi 2 | Sirmione
  Tel. 030 91 61 14 | www.visitgarda.com

HOTELS

Palace Hotel Villa Cortine €€€
Luxushotel zum Wohlfühlen in einer riesigen Parkanlage, Zimmer mit Stilmöbeln. Exzellente Küche.

- Viale C. Gennari 2 | Sirmione
  Tel. 030 990 58 90
  www.palacehotelvillacortine.com

Agriturismo Selva Capuzza €€–€€€
Wenige Autominuten südlich von Sirmione wohnt man mitten in den Reben im Weingut und genießt exzellente Küche und Weine des Hauses.

- Loc. Selva Capuzza | Desenzano
  Tel. 030 991 02 79
  www.selvacapuzza.it

Aqva Boutique Hotel €€
Moderne 18 Zimmer in einer ruhigen Zone der Halbinsel in Fußweite zur Altstadt, Pool und Fahrräder.

- Via Venticinque Aprile 4 | Sirmione
  Tel. 030 919 63 45
  www.aqvaboutiquehotel.it

Hotel Marconi €€
Familiär geführtes 3-Sterne-Hotel in der Altstadt mit Parkplatz, Garten, hauseigenem Bade- und Bootssteg.

- Via Vittorio Emanuele II 51
  Sirmione | Tel. 030 91 60 07
  www.hotelmarconi.net

RESTAURANTS

La Rucola 2.0 €€€
Hier sind Stern- und Haubenköche am Werk: beste mediterrane Küche.

- Vicolo Strentelle 3 | Sirmione
  Tel. 030 91 63 26
  www.ristorantelarucola.it | Do geschl.

Risorgimento €€€
Spitzenrestaurant, bekannt für exquisite Gardaseeküche, den Preis wert.

- Piazza Carducci 5/6 | Sirmione
  Tel. 030 91 63 25 | www.risorgimento-sirmione.com | Di geschl.

Osteria al Torcol €€
Im hübschen Garten mitten in der Altstadt speist man lokale Spezialitäten.

- Via San Salvatore 30 | Sirmione
  Tel. 030 990 46 05
  Außerhalb der Saison Mi geschl.

Il Girasole €–€€
Gemütliches kleines Lokal in der Altstadt mit tollem Preis-Leistungs-Verhältnis.

- Via Vittorio Emanuele 72
  Tel. 030 91 91 82 | www.girasole.info

EISCAFÉ

Gelateria Scaligeri
Hochgelobte Eisdiele in Sirmeone nahe der Durchgangsstraße, Top-Favorit ist das Pistazieneis.

- Via Columbare 113 | Sirmione

PESCHIERA DEL GARDA 5 C8

Schon seit den Römern hatte das pulsierende Städtchen am Ausfluss des Mincio aus dem Gardasee (10 465 Einw.) eine wichtige strategische Bedeutung. Die Festungsanlage geht vermutlich bis auf die Römer zurück. Der gut 2 km lange **Bastionsgürtel,** der den Ortskern

Uferzone am Mincio bei Peschiera del Garda

umschließt, stammt aus venezianischer Zeit und wurde von Napoleon und danach von den Österreichern verstärkt. Seine gigantischen Ausmaße sind am besten zu erfassen, wenn man mit einem Boot durch die Mauergräben fährt.

Wer vom Ostufer in Peschiera ankommt, wird dem wilden Durcheinander von Ferienapartments, Läden, Werkstätten, und dem dichten Verkehr sowie Gewusel von Menschen wenig abgewinnen können. Mehr Charme hat die von Wasserstraßen umflossene **Altstadt,** die auf einer Insel im Mincio errichtet wurde, und der Hafen.

Peschiera ist indes ein wichtiger Verkehrsknoten- und ein guter Ausgangspunkt für Touren in die Region sowie zu den großen Erlebnisparks **Gardaland, Canevaworld, Movieland, Sealife** und weitere Parks 7 km nördlich von der Stadt.

Am südwestlichen Ende von Peschiera, etwas außerhalb, liegt am kleinen See Laghetto di Frassino die schöne Wallfahrtskirche **Madonna del Frassino** 6. Die Gottesmutter höchstpersönlich soll an dieser Stelle im Mai 1510 als lichtumflutete Statue im Geäst eines Eschenbaums *(frassino)* erschienen sein, um einem von einer Giftschlange bedrohten Weinbauern zu Hilfe zu eilen. Die wundertätige, anmutige Madonnenskulptur ist in der niedrigen Seitenkapelle zu bewundern.

INFO

Tourism Peschiera Infopoint

- Piazzale Betteloni 15 | Peschiera
  Tel. 045 755 08 10 | www.visitgarda.com

HOTEL

San Marco €€

Modernes Hotel, nur 500 m zur Altstadt und 200 m zur nächsten Badestelle.

- Lungolago Mazzini 15 | Peschiera
  Tel. 045 755 00 77
  www.hotelsanmarcopeschiera.it

RESTAURANT

Sapori in Cantina €–€€

Delikate Landküche im Weingut Fracarolli in den Weinbergen am Ortsrand.

- Via Berra Vecchia 4 | Peschiera
  Tel. 045 755 09 49
  www.saporiincantina.com

GARDALAND 7 ★ C8

Zwischen Peschiera und Lazise liegen die großen Freizeit- und Vergnügungsparks des Gardasees, die jährlich Hunderttausende Besucher anziehen. Allerdings kein billiges Vergnügen und an Wochenenden ziemlich überlaufen! Gardaland mit seinen Attraktionen à la Disney World ist dabei das Zugpferd und die Nummer eins in Italien und wartet mit perfekt organisierten Shows, Paraden und einer fantasiereichen Abenteuerwelt auf. Auch schwindelerregende Achterbahnen, Karussells und andere Attraktionen fehlen nicht (Loc. Ronchi, Castelnuovo del Garda, www.gardaland.it, April–Ende Sept. 10–18 Uhr, im Hochsommer bis 23 Uhr, Tagestickets an der Kasse 40,50 €, Onlinebuchung ab 32,50 €, Kinder bis 1 m Höhe gratis, weitere Tarife und Öffnungszeiten s. Website).

CANEVAWORLD UND MOVIELAND 8 C8

Die beiden Freizeitparks bieten reichlich Action. Herzstück der Anlage ist der riesige **Aquapark.** Zu seinen Attraktionen zählen waghalsige Riesenrutschen, eine Piratenlagune, eine Fahrt entlang des »Crazy River«. **Movieland,** der zweite Themenpark entführt in die Welt des Films: Stuntshows und Einblicke hinter die Kulissen der Traumfabriken lassen nicht nur die Augen kleiner Besucher glänzen (Via Fossalta 56, Lazise, www.canevaworld.it, bei Onlinebuchung ab 26 € für einen, ab 35 € für beide Parks, Kinder bis 1 m gratis, Öffnungszeiten s. Website). Weitere Parks bei Lazise: u. a. SEA LIVE Aqarium (www.gardaland.it).

SAN MARTINO DELLA BATTAGLIA 9 B8

San Martino erinnert schon mit seinem Beinamen »della Battaglia« (von der Schlacht) an das große Blutvergießen in den italienischen Befreiungskriegen. Bis hierher erstreckten sich die Kämpfe von Solferino im Juni 1859. Auf einer Hochebene gemahnt ein 1893 eingeweihter, 74 m hoher Turm an dieses Ereignis. Im Inneren stellen riesige Wandgemälde in sieben übereinanderliegenden Sälen die Geschichte der italienischen Einigungsbewegung von 1848 bis 1870 dar. Etliche Fahnen, Gedenksteine und Waffen sind zur Erinnerung ausgestellt. Von der Plattform des Turms genießt man einen famosen Rundblick. Direkt bei dem Mahnmal stellt ein kleines Museum Erinnerungsstücke an die Schlacht aus (Saison tgl. 9–12.30, 14.30–19, Winter bis 17.30 Uhr, 5 €, Kinder 2 €).

Außerhalb des Geländes, an der Zufahrtsstraße nach San Martino, befindet sich das **Ossario** (Beinhaus), in dem die Knochen von 2600 Gefallenen – geordnet nach Gattungen – meterhoch gestapelt sind (www.solferinosanmartino.it, tgl. 9–12, 14–18.30 Uhr).

SOLFERINO 10 ★ A10

In der Ebene, die sich von Solferino bis San Martino della Battaglia erstreckt, wurde die über 350-jährige Herrschaft der Habsburger über die Lombardei beendet. Nachdem die Piemontesen die Österreicher mithilfe der französischen Armee am 24. Juni 1859 geschlagen hatten, war der Weg frei für die italienische Einigung, die 1870 mit der Einnahme Roms vollendet war.

Auf einer kleinen Anhöhe im Ort birgt die barocke **Chiesa San Pietro in Vincoli** die Gebeine von etwa 7000 Gefallenen, das **Museo storico** im Parco della Rocca zeigt Bild- und Dokumentationsmaterial zur italienischen Geschichte, Waffen, Uniformen, Orden und andere Exponate aus der Zeit der Befreiungskriege (www.solferinoesanmartino.it, März–Sept. Di–So 9–12.30, 14.30 bis 19 Uhr).

Einen herrlichen Rundblick bietet auf der Anhöhe die **Piazza Castello.** Hier steht die vielfach umgebaute San-Nicola-Kirche mit einem interessanten Detail an der Seitenfront. Eine erst 1987 (!) angebrachte Tafel verheißt: »Gewidmet der erneuerten Freundschaft Italien + Frankreich + Österreich«. Über eine stimmungsvolle Zypressenallee gelangt man vom zinnenbewehrten Burgplatz zum **Memoriale della Croce Rossa Internazionale,** 1959 zum 100-jährigen Bestehen des Roten Kreuzes aus Marmorblöcken errichtet, die aus den damaligen 148 Mitgliedsländern stammen.

Die imposanteste Sehenswürdigkeit liegt im Park auf dem höchsten Punkt des Moränenhügels von Solferino: **La Rocca.** Der 1022 errichtete 23 m hohe Turm wurde während der Befreiungskriege »Spia d'Italia« (Spion von Italien) genannt, weil man von dem 206 m hohen Turm gut das von den Öster-

DAS ROTE KREUZ

Henri Dunant (1828–1910), Kaufmann aus Genf, wollte 1859 angesichts von 9800 Toten und über 20 000 Schwerverwundeten auf den Schlachtfeldern von Solferino nicht länger schweigen. Mit flammenden Berichten appellierte der damals 31-Jährige an das Gewissen der Menschheit, unermüdlich bereiste er Europa, um ein Hilfskorps zur Rettung der Verwundeten ins Leben zu rufen.

Vier Jahre nach dem Gemetzel zwischen Italienern, Franzosen und Österreichern berief der Schweizer eine internationale Konferenz ein, bei der das Rote Kreuz gegründet und der Grundstein zur Genfer Konvention gelegt wurde. 1901 erhielt er den Friedensnobelpreis.

reichern besetzte venezianische Territorium überblicken konnte. Im Erdgeschoss sind u. a. Waffen und Münzen ausgestellt (Öffnungszeiten wie das Museo storico).

RESTAURANT

Locanda all'Avanguardia €–€€

Prima regionale Frischeküche in familiärer Atmosphäre, gute Weinauswahl.

- Piazza Guglielmo Marconi 17 | Solferino
  Tel. 0376 85 40 55
  www.avanguardia-solferino.it
  Mo geschl.

CASTIGLIONE DELLE STIVIERE 11 A9

Einst residierte in Castiglione delle Stiviere eine Nebenlinie der Mantuaner Fürsten Gonzaga. Doch ein anderes Ereignis machte das Städtchen weltberühmt: In der Hauptkirche Chiesa Maggiore, wohin nach der Schlacht von Solferino 1859 Verwundete gebracht wurden, fasste der junge Schweizer Kaufmann Henri Dunant angesichts der vielen unversorgten Verwundeten den Entschluss zur Gründung des Roten Kreuzes. Dessen Geschichte dokumentiert das **Museo Internazionale della Croce Rossa** in einem früheren Adelspalast (Via Garibaldi 50, Tel. 0376 63 85 05, www.micr.it, Sommer Di–So 9–12, 15–18, Winter bis 17 Uhr, 5 €).

RESTAURANT

Hostaria Viola €€

In einem originell ausgebauten Stall wird gute Mantuaner Küche serviert.

- Via Verdi 32 | Castiglione delle Stiviere
  Tel. 0376 67 00 00
  www.hostariaviola.com
  So abends und Mo geschl.

BORGHETTO DI VALEGGIO SUL MINCIO 12 10 A10

Allein schon das Städtchen Valeggio sul Mincio (15 300 Einw.), das von einer weithin sichtbaren **Scaligerburg** aus dem 13./14. Jh. überragt wird, lohnt die kurze Anfahrt hierher. Aber Borghetto, das ehemalige Festungsdorf unten am Mincio mit seiner bewegten Geschichte legt noch ein paar Perlen drauf. Bereits von der Festung oben an der Straße kann man sich in die Szenerie verlieben: Der ganze Ort mit seinen gelb getünchten alten Mühlen und Steinhäusern am Wasser und im Wasser – auf der einen Seite ruhig, beschaulich, romantisch, dann mitten durch die Häuser tosend und brausend. Selbst unter dem Toilettenfenster einer Bar rauscht das Wasser vorbei, nachdem es das Mühlrad, eines der vielen im Ort, in Schwung versetzt hat. Dann sammelt es sich ganz ruhig in einem Becken vor der berühmten **Visconti-Brücke**, um schließlich im umgeleiteten Flussbett rasch davon zu eilen. › mehr S. 12 Punkt 3

Das dramatische Spiel des Mincio in Borghetto hat einen Grund, der 600 Jahre zurück liegt. Der Ort wurde zum Schauplatz einer gigantischen Machtdemonstration: Giangaleazzo Visconti, der unermesslich reiche Herr über Mailand, wollte

Viel Wasser, historische Mühlen und Steinhäuser machen den Reiz von Borghetto aus

1393 die beiden Städte Mantua und Verona trockenlegen, um sie damit wehrlos zu machen. So investierte er die Summe von 300 000 Goldgulden für den Bau einer Dammanlage, von einer ungeheuren Dimension (eine 600 m lange Aufschüttung durch das Flusstal, 26 m breit und 10 m hoch), um die Wasser des Mincio umzuleiten. Der mit mächtigen Mauern befestigte Damm der Visconti-Brücke wurde in nur acht Monaten Bauzeit fertiggestellt. 1438 wagten es nicht einmal die bis an die Zähne bewaffneten Venezianer, die Brücke anzugreifen, um dem von den Visconti belagerten Brescia zu Hilfe zu eilen. Dafür aber besaß Venedig die Kühnheit, seine Kriegsschiffe (6 Galeeren, 2 Galeonen, 26 Barken) mithilfe von 2000 Ochsen durch das Gebirge zu transportieren und beim 70 km entfernten Torbole wieder zu Wasser zu lassen. In der Burg von Malcesine › S. 62 ist dieses Unternehmen dokumentiert.

Eine Tafel erinnert daran, dass auf dieser Brücke in späteren Jahren die Staatsgrenze zwischen Österreich und Italien verlief, heute bildet sie die Provinzgrenze Verona/Mantua.

Am dritten Dienstag im Juni nehmen über 4000 Pasta-Fans jedes Jahr an der langen Tafel auf der Visconti-Brücke Platz, um die »Liebesknoten«, die berühmten Tortellini von Valeggio, bei der **Festa del nodo d'amore** zu feiern – mit Feuerwerk (ab 1. März buchbar unter tourist@valeggio.com, Tel. 045 795 18 80, www.ristorantivaleggio.it).

Am nördlichen Stadtrand von Valeggio lädt einer der schönsten und größten Landschaftsgärten Italiens, der **Parco Giardino Sigurta,** zu einem Besuch ein. Wenn man sich für weitläufige Anlagen begeistern kann, ist der Park vor allem zur Tulpenblüte im März und zur Rosenblüte von Juni bis September ein Erlebnis. Allerdings ist Sigurta so riesig und mit vielen Auf und Abs,

Karte S. 100

dass man besser ein Fahrrad (3 €), E-Bike (6 €) oder – am allerbesten – ein Golf Kart (18 €/Std.) mietet. Hunde müssen allerdings draußen bleiben (Tel. 045 637 10 33, www.sigurta.it, Anf. März–Anf. Nov. tgl. 9–19 Uhr, 12,50 €, über 65 J. 10 €, Kinder 5–14 J. 6,50 €).

HOTELS

Il Borghetto – Vacanze nei Mulini €€

Die stilvoll eingerichteten Zimmer in zehn alten Mühlen sind ein Erlebnis.

- Via Raffaello Sanzio 14/A | Borghetto
  Tel. 045 795 20 40 | www.borghetto.it

RESTAURANTS

Antica Locanda Mincio €€–€€€

Originelles historisches Gasthaus mit einer beschaulichen Terrasse am Mincio, lokale Pasta- und Fleischspezialitäten. > **mehr S. 14 Punkt** ⓮

- Via Buonarroti 12 | Borghetto
  Tel. 045 795 00 59 | www.anticalocandamincio.it | Mi und Do geschl.

Caffè Wine Bar Visconti €

Weingenuss inmitten der tosenden Wasser des Mincio – das ist schon was Besonderes.

- Via Raffaelo Sanzio 20 | Borghetto

CUSTOZA 13 D9

Umgeben von Feldern, Wiesen und Weingärten erhebt sich das Dorf Custoza, ein weiterer Schauplatz der beiden italienischen Befreiungskriegen zwischen Italien und Österreich 1848/1866 in dieser Region. Im Gedenken an die vielen Gefallenen dient auf einer kleinen Anhöhe ein weithin sichtbarer Obelisk als Mahnmal, in der **Beinhaus-Kapelle (Ossario)** sind die Gebeine von 4654 gefallenen Soldaten beider Nationen aufgetürmt (Infos: Ufficio Cultura, Tel. 045 897 13 57, Mo–Fr 9.30–12.30, 14.30–17.30 Uhr).

Heute ist Custoza vor allem bekannt für seine aparten Agriturismi im Weingut, seine Kellereien und seinen exzellenten Bianco di Custoza. Durch das hügelige Weinland führt die **»Strada del Vino Bianco di Custoza«** ★ zu den Weingütern, die man besuchen kann (www.stradadelcustoza.com). Genauso reizvoll ist es, die Landschaft um Custoza herum auf dem Naturwanderweg Cammina Custoza zu erschließen (www.terredelcustoza.com).

HOTEL

Agriturismo Casa Maria Teresa €–€€

Hof mit Tieren, also ideal für Familien. Gemütliche Zimmer, hofeigene Produkte.

- Via Caselle 70 | Sommacampagna
  Tel. 045 51 54 41 | www.agriturismocasamariateresa.it

SHOPPING

Cantina di Custoza

Genossenschaftskellerei auf dem Weg nach Sommacampagna mit Weintankstelle.

- Loc. Staffalo 1 | Custoza
  Tel. 045 51 62 00
  www.cantinadicustoza.it
  Im Sommer Mo–Sa 8.30 bis 12.30, 15–19 Uhr, im Winter bis 18.30 Uhr

Le Vigne di San Pietro

Erlesene Weine vom renommierten Erzeuger. Besuch nach Voranmeldung.

- Via San Pietro 23 | Sommacampagna
  Tel. 045 51 00 16
  www.levignedisanpietro.it

BRESCIA UND SEIN HINTERLAND

Das hügelige Weinland Franciacorta zwischen Brescia und Iseo-See lädt zu Entdeckungsfahrten ein

Brescia und seine reizvolle Seenlandschaft im Hinterland sind vom Tourismus weitgehend unentdeckt. Höchste Zeit also, die faszinierende Kulturstadt kennenzulernen und die drei Seen Iseo, Idro und Valvestino zu erkunden.

Brescia und das zugehörige beschauliche Seenland dahinter wollen erst noch richtig entdeckt werden. Die 200 000 Einwohner große Provinzhauptstadt, 30 km westlich vom Gardasee, ist bei Weitem nicht nur eine Industrie- und Handelsmetropole, wie es auf den ersten Blick den Anschein hat, sondern mit all den Sehenswürdigkeiten im historischen Stadtkern und seinen Museen eine Kulturstadt ersten Ranges. Hier kann man noch in Muße durch die Stadt bummeln.

Und die gute Nachricht für Autofahrer: Seit 2017 ist die neue Metropolitana in Betrieb, vom Gardasee kommend braucht man nicht mehr in die Stadt mit ihrem chaotischen Verkehr und überteuerten Parkplätzen hineinfahren. Man biegt von der Tangenziale Desenzano–Brescia nach etwa 18 km an der Ausfahrt Sant' Eufemia rechts ab und parkt das Auto kostenlos direkt an der Endhaltestelle der topmodernen führerlosen Bahn, die einen bequem und in Minutenschnelle ins Zentrum bringt.

Auf der Fahrt zum Lago d'Iseo – dem Haussee der Brescianer – kommt man durch das liebliche grüne Hügelland der Franciacorta, die sich inzwischen zu einer der prominentesten Weingegenden in Italien gemausert hat. Die zwei Dutzend Weinkellereien produzieren einen international bekannten

Auf der Westseite der Piazza della Loggia steht der markante Palazzo della Loggia, heute Brecias Rathaus

hochwertigen Schaumwein mit Flaschengärung in bester DOCG-Qualität.

Die dichte Bebauung verliert sich, sobald die Berge der Brescianer Voralpen ansteigen und macht unberührter Natur Platz. Hier liegen mit dem Lago d'Iseo und Lago d'Idro zwei Berggewässer, die in puncto Schönheit dem Gardasee kaum nachstehen. Der Stausee Lago di Valvestino beeindruckt mit seiner fjordähnlichen Struktur und spektakulären Panoramen.

TOUREN IN DER REGION

TOUR 9

BRESCIA UND DIE FRANCIACORTA

ROUTE: Brescia › Erbusco › Adro › Cortefranca › Riserva Naturale Torbiere d'Iseo › Rodengo-Saiano › Brescia

KARTE: Seite 118
DAUER: 1 Tag, 60 km
PRAKTISCHE HINWEISE:

- Planen Sie für Brescia und Franciacorta mindestens je einen halben Tag ein.
- Für das Franciacorta Outlet Village ist ein Extratag empfehlenswert.

TOUR-START:

Der Morgen ist den zahlreichen Sehenswürdigkeiten in **Brescia** 1 › S. 121 vorbehalten. Zu den Höhepunkten zählen Burg und Burgberg, Alter und Neuer Dom, die Piazza della Loggia und der Museumskomplex Santa Giulia in einem ehemaligen Frauenkloster. Oldtimer-Fans zieht es in das Museum Mille Miglia, das außerhalb des Zentrums in Sant' Eufemia liegt › S. 126.

Danach fahren Sie nach **Erbusco** 2 › S. 127, dem Zentrum des Weinbaugebiets Franciacorta. Deren gleichnamigen Spumante in der Spitzenqualität DOCG werden inzwischen weltweit hochgeschätzt. In der Enoteca Cantine di Franciacorta können Sie sich erst einmal einen Überblick über die Weine und Weingüter der Region verschaffen, natürlich auch Wein probieren und einkaufen, bevor Sie auf der **Strade del Vino Franciacorta** die romantischen Weinorte und deren eleganten Villen, Palazzi und mittelalterlichen Kirchen entdecken: in Erbusco z. B. die Villa Lechi und Villa Maggi, weitere in **Adro** 3 › S. 127 und in **Cortefranca**. Vom Ort Provaglio d'Iseo machen Sie einen Abstecher in den Naturpark **Riserva Naturale Torbiere d'Iseo**, eine Sumpfgegend südlich des Iseo-Sees mit einmaliger Fauna und Flora.

Auf dem Weg zurück nach Brescia verdient das Städtchen **Rodengo-Saiano** 4 › S. 127 aus zwei Gründen noch einen Besuch. Der erste ist die Abtei San Nicola mit ihren leuchtenden Fresken in der Abteikirche. Der zweite Grund dürfte Shoppingfans begeistern: Hier befindet sich mit dem **Franciacorta Outlet Village** › S. 128 gleich ein ganzes, dazu hübsch gestaltetes Dorf mit 162 Outlet-Shops von nationalen und internationalen Topdesignermarken. Auf der Schnellstraße ist man dann im Nu wieder in Brescia bzw. in 35 Min. am Gardasee.

TOUR 10

ENTLANG DER BRESCIANER SEEN

ROUTE: Iseo › Sarnico › Tavernola › Lovere › Pisogne › Monte Isola › Iseo › Lago d'Idro › Bagolino › Lago di Valvestino

KARTE: Seite 118

DAUER: 2 Tage, 160 km

PRAKTISCHE HINWEISE:

- Mit Auto oder Motorrad. Die Fahrt hinauf zum Valvestino-See erfordert wegen der engen Trassenführung hohe Fahrsicherheit.

TOUR-START:

Iseo 5 › S. 129 ist der Ausgangspunkt für die Drei-Seen-Fahrt. Am Morgen brechen Sie auf in das an der Südwestspitze des Iseo-Sees gelegene **Sarnico** 6 › S. 129 mit seinen schönen Jugendstilvillen. Nach

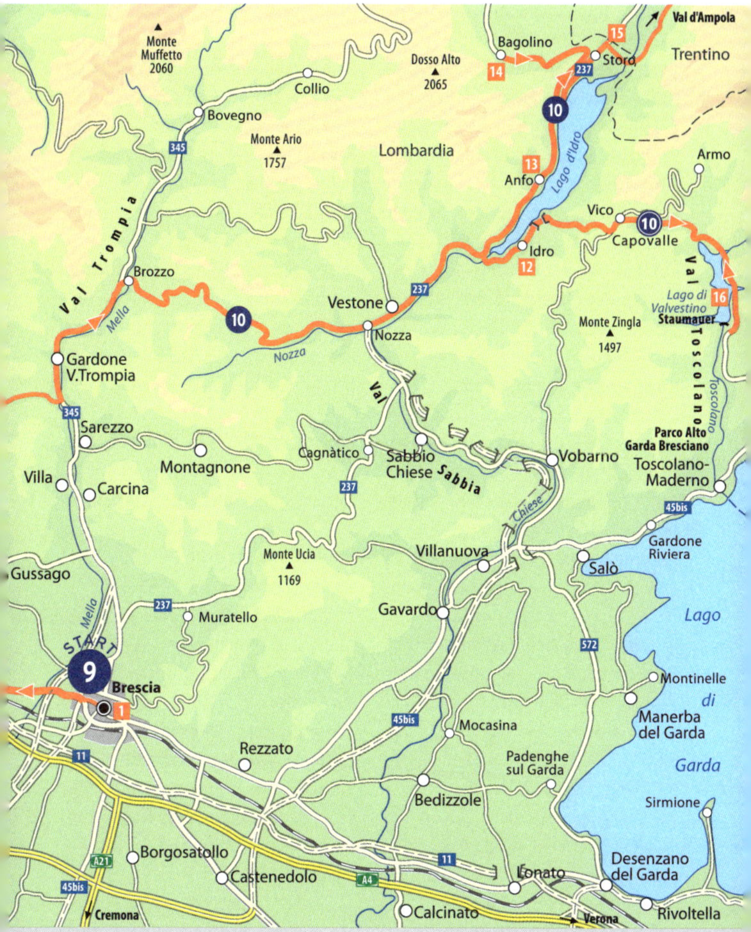

TOUREN IN BRESCIA UND IM HINTERLAND

TOUR 9

BRESCIA UND DIE FRANCIACORTA

Brescia > Erbusco > Adro > Corte Franca > Riserva Naturale Torbiere d'Iseo > Rodengo-Saiano > Brescia

TOUR 10

ENTLANG DER BRESCIANER SEEN

Iseo > Sarnico > Tavernola > Lovere > Pisogne > Monte Isola > Iseo > Lago d'Idro > Bagolino > Lago di Valvestino

einem Cappuccino am Hafen fahren Sie am Westufer entlang. Ab **Tavernola** 7 ist die Fahrt am Westufer ein echtes Erlebnis. Erst seit 1910 gibt es diesen Teil der Uferstraße: Flankiert von den Felsen auf der einen und vom See auf der anderen Seite bieten sich immer wieder traumhafte Ausblicke. Im hübschen Örtchen **Riva di Solto** 8 › S. 130, das vor dem Bau der Straße nur auf dem Wasserweg erreichbar war, legen Sie eine Pause ein, um die grandiose Kulisse aufzunehmen.

Im Städtchen **Lovere** 9 im Norden › S. 130 lädt dann die Uferpromenade zu einem Bummel ein. Nach einem Besuch der Kirche Santa Maria delle Neve am nördlichen Ortsrand von **Pisogne** 10 › S. 130 geht es auf der gut ausgebauten Straße am Ostufer zurück nach **Iseo.**

Dort lassen Sie das Auto stehen und nehmen sich am Nachmittag Zeit für eine Fahrt mit dem Linienschiff hinüber zur **Monte Isola** 11 › S. 130. Dort angekommen, gehen Sie vom Bootsanleger in Sensole nach rechts und dann hinauf zur Wallfahrtskirche **Madonna della Ceriola** und genießen das Panorama auf den von Bergen eng umschlungenen See. Dann folgt der Abstieg zur anderen Seite der Insel, wo das Dörfchen **Peschiera Maraglio** liegt, die größte Siedlung auf der Insel. Mit dem Linienschiff fahren Sie zurück nach Iseo, wo Sie sich am Abend in einem der Restaurants am See oder im Nachbarort **Clusane** › S. 129 die lokale Spezialität des Sees gönnen: gefüllte Schleie *(tinca ripiena).*

Am nächsten Morgen fahren Sie Richtung Osten ins **Val Trompia.** Durch das romantische Tal geht es über Brozzo, wo man in Richtung Idro abbiegt. Und weiter in vielen Kurven am Fluss Nozza entlang, vorbei an den violetten Felsen bei Nozza und Vestone zum **Lago d'Idro,** den man nach ca. 90-minütiger Fahrt erreicht. Am Nordende des Sees führt eine gewundene Straße hinauf in das vom Tourismus kaum berührte Örtchen **Bagolino** 14 › S. 131. Hier ist eine gute Gelegenheit für die Mittagspause. Danach geht es wieder am Westufer des Sees (das Ostufer ist nicht durchgehend befahrbar) zurück bis zur Südspitze, von dort zweigt die Straße ostwärts nach **Idro** 12 › S. 131 ab, und dann geht es via Vico hinauf zum **Lago di Valvestino** 16 › S. 132. Die von gischtsprühenden Wasserfällen und tiefen Schluchten flankierte Strecke ist ein Paradeweg für Zweiradfahrer. Über zwei hochgespannte Brücken, die über die fjordartigen Seitenarme des Sees führen, gelangt man zur Staumauer. Von hier hat man einen tollen Ausblick auf den tiefgrünen See.

Danach fahren Sie entweder auf der selben Strecke über Idro zurück nach Iseo, oder sie wählen die bequeme, durchaus reizvolle Strecke von Idro aus durch das Val Sabbia via Vestone und Vobarno hinunter nach **Salò** › S. 92. Die kürzeste Verbindung nach Gargnano hinunter ist mit den schmalen Straßen, steilen Passagen und schwindelerregenden Tiefblicken nur erfahrenen Autofahrern zu empfehlen.

UNTERWEGS IN BRESCIA 1

Die politische Geschichte der Stadt verlief ähnlich wie die Veronas, allerdings kam der Keltensiedlung *Brich* (Anhöhe), die unter den Römern *Brixia* hieß, am Fuße der Ronchi-Hügel eine weit geringere strategische Bedeutung zu. Nach den Römern, Galliern und Langobarden wechselten sich im Laufe des Mittelalters machthungrige Herrscherfamilien ab: So ergriffen Ezzelino III. da Romano und Oberto Pallavicino die Macht, die Scaliger und danach die Visconti aus Mailand. Ruhe kehrte erst 1426 ein, als auch Brescia an Venedig fiel, das bis 1797 seine schützende Hand über die erst in dieser Zeit wirtschaftlich und kulturell erblühende Stadt hielt. Nach dem napoleonischen Gastspiel wurde Brescia beim Wiener Kongress 1814/15 Österreich zugeschlagen, bis zur Einigung Italiens blieb Brescia bei Österreich.

BURGBERG ★

Die den Cidneo-Hügel umrahmenden Bastionen schließen die römische Festung aus dem 1. Jh. n. Chr. ein. In den folgenden Jahrhunderten entstanden weitere Wehranlagen wie der Rundturm **Torre Mirabella** (13. Jh.) und der Zentralbau der Visconti-Festung, das **Castello** Ⓐ c1. Beim Aufstieg hinauf zur Burg über die Via del Castello lässt man die verschiedenen Epochen der Stadtentwicklung Brescias von den Römern bis zur Renaissance Revue passieren. Die ab dem 12. Jh. angelegte Burg mit Türmen, Wehrmauern und Lagerhäusern (meist 15./16. Jh.) liegt in einem gepflegten Park. Sie beherbergt außer dem **Specola Cidnea-Observatorium** und dem **Museo delle Armi** (Waffenmuseum) das sehenswerte **Museo del Risorgimento,** in dem Ita-

Die Piazza della Loggia im Zentrum gilt als einer der schönsten Plätze Oberitaliens

liens Freiheitskampf im 19. Jh. dokumentiert wird (Via Castello 9, Okt.–Mitte Juni Di–So 9–17.30, im Sommer 10.30–19 Uhr, 5 €).

Zurück in die Stadt kann man den Stufenweg des Südhangs, die **Via delle Barricate,** nehmen, von wo man zur Piazza Tito Speri gelangt. Ostwärts führt eine Straße bis zur Terrasse der Kirche **San Pietro in Oliveto** B c1 aus dem 12. Jh., sie wurde im Jahr 1510 im Stil der Renaissance umgestaltet. Sehenswert sind auch die beiden Kreuz-

A Castello
B San Pietro in Oliveto
C Monastero di Santa Giulia
D Tempio Capitolino
E Duomo Vecchio
F Duomo Nuovo
G Palazzo del Broletto
H Biblioteca Queriniana
I Piazza della Loggia
J Chiesa Sant'Agata
K Santa Maria dei Miracoli
L SS. Nazaro e Celso
M Piazza Mercato
N Pinacoteca Tosio-Martinengo

gänge aus dem 16. Jh. (falls die Kirche geschlossen ist, klingeln). Die Via Piamarta führt direkt zum Monastero di Santa Giulia.

MONASTERO DI SANTA GIULIA Ⓒ 11 c2

Das ehemalige Kloster beherbergt das nach modernen museumspädagogischen Gesichtspunkten gestaltete **Stadtmuseum Santa Giulia.** Mitte des 8. Jhs. hatten die Langobarden hier über den Resten einer römischen Prachtvilla (heute wieder freigelegt) einen Konvent für die Benediktinerinnen gegründet.

Drei Kirchen und zwei Kreuzgänge bilden den Kern der weitläufigen Klosteranlage. Eine ältere Kirche wurde Anfang des 9. Jhs. durch die Säulenbasilika **San Salvatore** mit schönen Freskenresten aus karolingischer Zeit ersetzt, Architekturreste des Vorgängerbaus sind noch sichtbar in der Krypta. Die Renaissance-Kirche Santa Giulia und das romanische Gotteshaus Santa Maria in Solario mit Freskenschmuck von Brescianer Malern des 16. Jhs. vervollständigen die Pracht.

Das UNESCO-Weltkulturerbe und großartige Stadtmuseum Santa Giulia beherbergt auch eine besonders reiche Sammlung römischer Fundstücke, die zum Großteil vom Tempio Capitolino stammen, darunter römische Mosaiken und die fast 2 m große, einst vergoldete Bronzestatue der geflügelten Siegesgöttin Victoria (1. Jh. n. Chr.). Weitere kostbare Exponate der städtischen Kunstsammlungen sind die Lipsanothek, ein mit christlichen Szenen verziertes Elfenbeinkästlein aus dem 4. Jh., sowie das mit Edelsteinen, Gemmen und Ornamenten dekorierte Desideriuskreuz aus dem 8. Jh. (Via Musei 55, Tel. 030 297 78 33-34, www.bresciamusei.com, Di–Fr 9–17, Sa 10–21, So, Fei 10 bis 18 Uhr, 10 €, erm. 5,50 €).

BRIXIA – ARCHÄOLOGISCHER PARK

In der Via dei Musei befand sich einst das Zentrum des römischen Brixia. Der reich ausgestattete **Tempio Capitolino** Ⓓ c2, 73 n. Chr. von Kaiser Vespasian errichtet und erst im Mittelalter zerstört, wurde im letzten Jahrhundert wieder ausgegraben und rekonstruiert. Der Tempel bildete die Schmalseite des einstigen **Forums.**

Die südlich des Tempio gelegene und heute noch so benannte **Piazza del Foro** war das Zentrum des bürgerlichen und spirituellen Lebens in römischer Zeit, wie auch die freigelegten Wandelhallen bezeugen. In der Fassade der an der Piazza gelegenen **Kirche San Zeno** wurde eine römische Säule mit mächtigem Architrav verbaut, die man hier fand. Imposant sind die neben dem Tempel entdeckten Ruinen des **Teatro Romano,** in dem bis ins Mittelalter Volksversammlungen abgehalten wurden. Seit 2011 ist das vorbildlich restaurierte Brixia-Areal UNESCO-Welterbe (Di–Fr 9–17, Sa, So, Fei 10–18 Uhr, 8 €, erm. 4,50 €).

In der Gegend um die **Porta Bruciata** haben sich einige schöne Geschäfte angesiedelt. Im Durchgang unter dem Tor befindet sich der Zugang zur kleinen, romanischen Kirche San Faustino in Riposo.

RUND UM DEN DOMPLATZ

Auf der Piazza del Duomo (bzw. Piazza Paolo VI.) ragt der **Duomo Vecchio** E b2 (auch *Rotonda* genannt) aus dem 12. Jh. auf. Der Zentralkuppelbau wurde an der Stelle der Basilica di Santa Maria Maggiore aus dem 6. Jh. errichtet, von der Fußbodenreste erhalten sind. Zu den kostbarsten Schätzen im Inneren zählen der Sarkophag des Bischofs Bernardo Maggi von 1308 sowie Gemälde von den Hauptmeistern der Brescianer Malerschule, Moretto da Brescia und Girolamo Romanino (Nov.–März Di–So 10–12, 15–18, April–Okt. bis 19 Uhr).

Bis zum 16. Jh. stand neben dem Alten Dom die frühchristliche Kathedrale San Pietro de Dom, doch dann hatte man mit der Errichtung des **Duomo Nuovo** F b2 ehrgeizigere Pläne. Den Spätrenaissancebau aus weißem Marmor krönt die mit 82 m dritthöchste Kuppel Italiens (nach St. Peter in Rom und dem Dom von Florenz).

Der **Palazzo del Broletto** G b2, das Stadthaus, errichtet im 12./ 13. Jh., wurde als Sitz der Gemeinde Sinnbild urbanen Selbstbewusstseins. Noch heute ertönt zur Einberufung des Stadtrats, der jetzt andernorts tagt, auf der Torre del Pegol (11. Jh.) die große Glocke.

Die Stadtbibliothek **Biblioteca Queriniana** H b2 hat ihren Sitz hinter der Apsis des Duomo Nuovo (Via Mazzini 1). Sie beherbergt als Hinterlassenschaft ihres Namensgebers, Kardinal Angelo Maria

Der Alte und der Neue Dom auf der Piazza Paolo VI

Querini, über 300 000 kostbare Inkunabeln und Handschriften, u. a. von Dante und Petrarca, sowie wertvolle Evangeliare (queriniana.comune.brescia.it, historisches Material einsehbar Di–Fr 8.45–12.30, 13.30–17.15 Uhr, Sa 8.30–12 Uhr).

PIAZZA DELLA LOGGIA ★ b2

Im 15. Jh. erhoben die Bürger von Brescia die Forderung nach einem neuen Gemeindesitz, und ein großes Stadthaus entstand, heute **Loggia** genannt. Sie gab einem der schönsten Plätze der Lombardei den Namen: **Piazza della Loggia** I. Venezianischer kann die Atmosphäre außerhalb der Lagunenstadt kaum sein – vor allem morgens, wenn die Sonne die steinernen Gesimse, Büsten und Verzierungen der Loggia zum Leuchten bringt. Die Fensterumrahmungen im Stil der Hochrenaissance entwarf der Baumeister Andrea Palladio, die Putti des Frieses stammen von Jacopo Sansovino. Venedig ist auch mit dem alten Pfandhaus **Monte di Pietà** aus dem 15./16. Jh. an der Südseite der Piazza präsent. Einen Blick verdient an der Schmalseite des Platzes der berühmte Uhrturm Torre dell' Orologio (16. Jh.).

Die **Chiesa Sant'Agata** J b2 aus dem 15. Jh. gab der Gasse hinter der Loggia, bis heute eine der vornehmsten Adressen Brescias, ihren Namen. Ganz nah liegt die **Piazza della Vittoria:** Hier zeigt sich die Architektur des Faschismus von ihrer düsteren Seite. Versöhnlich dagegen wirken die schönen Geschäfte unter den Arkaden des südlich der Piazza verlaufenden **Corso Zanardelli.**

ZWISCHEN PIAZZA MERCATO M a2 UND P. DELLA REPUBBLICA

Nicht weit von der prächtigen Piazza della Loggia entfernt beginnt auf der Piazza Mercato, wo täglich der Obst- und Gemüsemarkt abgehalten wird, das echte Brescia. Ein Gewirr von engen Gassen führt zu den kleinen Läden und Handwerksbetrieben des Volksviertels.

Am Corso Martiri della Libertà liegt ein Schmuckstück der oberitalienischen Renaissance: **Santa Maria dei Miracoli** K a2. Die Fassade der an der Wende vom 15. zum 16. Jh. errichteten Kirche zieht mit ihrem überbordenden skulpturalen Schmuck die Blicke auf sich. Gleich um die Ecke befindet sich der klassizistische Bau der Kirche **Santi Nazaro e Celso** L a2, die im Innern ein Meisterwerk des jungen Tizian beherbergt, den **Averoldi-Altar** von 1522, an dem die unirdische Farbigkeit der Gestalt des auferstehenden Christus beeindruckt.

PINACOTECA TOSIO-MARTINENGO N c3

Nach einem jahrelangen umfassenden Umbau ist die städtische Gemäldesammlung in ihrem ange-

Karte S. 122

Rassige und historische Rennautos sind im Museum Mille Miglia zu bewundern

stammten Domizil auf der Piazza Moretto wieder offen für Besucher. In den 22 Salen des Palazzo sieht man u. a. Werke von Raffael, Paolo Veneziano und Luca Giordano sowie Arbeiten der Brescianer Malerschule des 15./ 16. Jhs. (www.brescia musei.com, Zeiten wie Museum Santa Guilia, 8 €, erm. 4,50 €).

MUSEO MILLE MIGLIA ★

Das Museum für die Freunde rassiger Autos präsentiert Wissenswertes und Filmberichte über das legendäre Oldtimerrennen Mille Miglia, das seit der Wiederauflage in den 1970er-Jahren alljährlich in der dritten Maiwoche von Brescia nach Rom und zurück an den Start geht. In wechselnden Ausstellungen zeigt das im Kloster Sant' Eufemia befindliche Museum in einem Vorort von Brescia zudem edle Oldtimer-Rennwagen (Viale della Bornata 123, Sant' Eufemia, Tel. 030 336 56 31, www.museomillemiglia.it, tgl. 10 bis 18 Uhr, 8 €, erm. 6 €, 11–16 J. 3 €).

INFO

Brescia Tourism b2

- Infopoint Via Trieste 1 | Brescia
  Tel. 030 240 03 57
  Weiterer Infopoint im Bahnhof.
  www.bresciatourism.it | tgl. 9–19 Uhr

BresciaCard museums & mobility: 24 Std. kosten 15 €, 48 Std. 20 €., www.bresciacard.it

STADTVERKEHR

- **Buslinien:** Ein städtisches Busnetz verbindet alle Stadtviertel und Vororte.
- **Parken:** Wie in Verona gibt es auch in Brescia Verkehrsbeschränkungen. Wer in die Zone a traffico limitato (ZFL) einfährt, muss mit drastischen Geldbußen rechnen. Besser im Vorort Sant' Eufemia an der gleichnamigen Station gratis parken und mit der Metropolitana ins Zentrum fahren (Tagesticket 3 €) › S. 116.

HOTEL

Albergo Orologio €€ b2

Kleines feines Boutiquehotel mit Flair in ruhiger Altstadtlage.

- Via Cesare Beccaria 17 | Brescia
  Tel. 030 375 54 11
  www.albergoorologio.it

RESTAURANTS

La Vineria €€ b2

Originelles Lokal unter den Arkaden im Zentrum, hier wird mit Liebe gut gekocht, auch der Service stimmt.

- Via X Giornate 4 | Brescia
  Tel 030 28 05 43 | www.lavineriabrescia.it
  Mo geschl. So/Di abends geschl.

Osteria Al Bianchi €€ b2

Traditionslokal mit angenehmer Atmosphäre, serviert wird lokale Küche.

- Via Gasparo da Salò 32 | Brescia
  Tel. 030 29 23 28 | www.osteriaalbianchi.it
  Di und Mi geschl.

Agorà Caffè € c2
Nettes kleines Café für einen leichten Lunch nach dem Museumsbesuch: gute Pasta, Panini und Salate.

- Via dei Musei 75 | Brescia
  Tel. 327 677 95 36 | Mo Ruhetag

SHOPPING

Ein Antiquitätenmarkt findet auf der **Piazza della Vittoria** b2 in Brescia statt, jeden 2. Sonntag im Monat (außer im Juli und Aug.).

UNTERWEGS IM HINTERLAND

FRANCIACORTA ★

Das Dreieck zwischen Brescia, dem Fluss Oglio und dem Lago d'Iseo gehört zu den jüngsten und dennoch besten Weingegenden Italiens. Erst in den 1960er-Jahren begann man hier unter dem Namen der Weinregion einen Schaumwein aus Chardonnay-, Pinot-Blanc- und Pinot-Noir-Trauben nach der traditionellen Champagner-Methode zu keltern. Das Herz der Weinproduktion ist **Erbusco** 2, hier befindet sich die Enoteca di Franciacorta (www.cantinedifranciacorta.it) mit einer riesigen Auswahl an Spumante von der Franciacorta und anderen Regionen Italiens und der Sitz der »Strada del Vino Franciacorta« (www.franciacorta.net). › mehr S. 12 Punkt 5

Wer dieser Route durch das herrlich grüne und hügelige Terroir folgt, entdeckt in vielen Weinorten auch elegante Villen wie die Villa Lechi in Erbusco, Palazzi und alte Kirchen wie der Bargnai-Dandolo und die Kirche Santa Maria in Favento in **Adro** 3 oder Sant'Eufemia in Corte Franca. Unbedingt sehenswert ist die Abtei San Nicola in **Rodengo-Saiano** 4 mit einem großen Kreuzgang aus dem 15. Jh. und der Abteikirche mit Fresken von Romanino, Moretto und Gambara.

Und wo Wein angebaut wird, finden sich meistens auch kulinarische Highlights. Daran mangelt es in der Genussregion Franciacorta, in der man gut ein paar Tage verbringen kann, gewiss nicht. Charmante Relais oder Agriturismo bieten komfortable Unterkunft und beste Verköstigung mit lokalen Erzeugnissen, dies auch noch preisgünstiger als am 35 km entfernten Gardasee. Das hügelige Rebland kann man sich wunderbar auch mit dem Fahrrad oder per pedes erschließen (Tourvorschläge: www.franciacorta.net).

Auf dem Weg durch die Franciacorta sollte man auch einen Besuch im Naturpark **Riserva Naturale Torbiere d'Iseo** einplanen (www.torbiere.it). Die Sumpfgegend südlich des Iseo-Sees mit ihrer einmaligen Fauna und Flora erreicht man am besten vom Ort Provaglio d'Iseo aus (von dort den Schildern folgen).

Der von Bergen eingerahmte Lago d'Iseo ist der viertgrößte See Norditaliens

HOTEL/RESTAURANT

L'Albereta Relais & Chateaux €€€
Ein Traum von einem Hotel mitten im Grünen, mit Spa, Bar, Bistro und Restaurant **LeoneFelice,** in dem Fabio Battista es versteht, die Gäste zu verwöhnen, u. a. mit Weinen vom hauseigenen Gut.

- Via V. Emanuele II. 23 | Erbusco
  Tel. 030 776 26 03 | www.albereta.it
  Restaurant: Di–Sa 19.30–22.30 Uhr

SHOPPING

Ca' del Bosco
Eines der angesehensten Weingüter, Führungen und Degustationen nach Voranmeldung.

- Via Albano Zanella 13 | Erbusco
  Tel. 030 76 61 11 | www.cadelbosco.com
  Shop: Mo–Fr 8.30–12.30, 14–18, Sa 9–17 Uhr

Cantine di Franciacorta
Hat alle Weine der Region im Angebot.

- S.S. Rovato-Iseo 98 | Erbusco
  Tel. 030 775 11 16
  www.cantinedifranciacorta.it
  Mo, Mi–Sa 9–12.30, 14.30–19,
  Di und So 9–12.30, 15–18 Uhr

Franciacorta Outlet Village
Das eigens dafür dekorativ gestaltete Shoppingdorf bietet in seinen 162 Outlets preisgünstig alles, was einen prestigeträchtigen Designernamen hat: Von Mode über Schuhe bis hin zu Kosmetik und Spielwaren.

- Piazza Cascina Moie 1/2
  Rodengo-Saiano
  www.franciacortaoutlet.it
  Tgl. 10–20, Fr/Sa bis 19 Uhr

AKTIVITÄTEN

Franciacorte Golf Club
Eine der schönsten Golfplätze der Region (27 Loch) inmitten herrlicher Natur.

- Via Provinciale 34/B
  Nigoline di Corte Franca
  Tel. 030 984 41 67
  www.franciacortagolfclub.com

LAGO D'ISEO

ISEO 5 ★

Der viertgrößte der oberitalienischen Seen liegt mit 181 m etwas höher als der Gardasee, er ist 25 km lang und bis 258 m tief. In seiner Mitte erhebt sich die Monte Isola mit ihrem 600 m hohen Inselberg. Die Berge schmiegen sich hier noch näher und noch steiler an den See heran, was ihm seinen reizvollen Charakter verleiht. Obwohl er über einige gute Strände mit ausgezeichneter touristischer Infrastruktur verfügt und dank der Fallwinde ein geradezu ideales Segelparadies ist, wirkt der Iseo-See längst nicht so überlaufen. Deshalb bietet er auch für Biker und Wanderfreunde ideale Bedingungen.

Der Hauptort Iseo im Süden gibt sich recht lebendig. Die lange Uferpromenade lädt zum Flanieren ein. Im Zentrum führen Gässchen auf die von Laubengängen gesäumte **Piazza Garibaldi,** wie der mittelalterliche Marktplatz mit dem Kirchlein **Santa Maria del Mercato** (14. Jh.) heute heißt. Die **Piazza del Sagrato** schmückt sich mit der im 5. Jh. gegründeten und im 12. Jh. neu erbauten Kirche **Sant' Andrea.** Vor ihrer Fassade erhebt sich rechts das gotische Stilelemente aufweisende Grabmal von Giacomo Oldofredi.

INFO

Tourist Information

- Lungolago Marconi 2 c–d | Iseo
  Tel. 030 98 02 09
  www.iseolake.info

HOTEL

Hotel Iseolago €€–€€€

Das Hotel liegt in einem Park am See und bietet gediegenen Komfort, ein kleines Spa und das Restaurant L'Alzavola.

- Via Colombera 2 | Iseo
  Tel. 030 988 91 | www.iseolagohotel.it

RESTAURANTS

Clusane, der kleine Ort bei Iseo ist bekannt für seine Fischlokale, hier sollte man die im Ofen zubereitete Schleie *(tinca ripiena al forno)* probieren, z. B. in der **Trattoria Al Porto** (Porto dei Pescatori 12, €€). › **mehr S. 14 Punkt 16** Oder in der **Antica Trattoria del Gallo** (Via Risorgimento 46, €€).

Lido dei Platani €€

Lokale Küche und Pizza genießt man zum herrlichen Rundblick auf den See.

- Via Lungolago Marconi 1 | Iseo
  Tel. 030 982 15 50 | www.lidodeiplatani.it

Osteria il Volto €€

Kleine Osteria mit Tradition.

- Via Mirolte 33 | Iseo | Tel. 030 98 14 62
  www.osteriailvolto.it | Mi geschl.

WESTUFER

Sehenswert in **Sarnico** 6 im Süden des Sees sind die Jugendstilvillen des Mailänder Architekten Giuseppe Sommaruga, schöne Beispiele der in Italien »Stile Liberty« genannten Epoche. Weiter in nördlicher Richtung rücken die Berge immer näher zum See, während sich rechts blühende Wiesen hinter einem Schilfgürtel ausdehnen. Olivenhaine, Weingärten und Zypressenalleen flankieren die zum Teil aus dem Fels geschlagene Straße, die immer wieder durch beleuchtete

Tunnels führt. In **Tavernola** 7 lohnt ein kleiner Bummel durch die hübsche Altstadt.

Anschließend wird es wildromantisch: Bis in den Ort **Riva di Solto** 8 blieb das abrupt zum See abfallende Ufer gänzlich unverbaut. Jahrhundertelang war die Ortschaft, aus der der schwarze Marmor der Basilika San Marco in Venedig stammt, nur auf dem Wasserweg erreichbar. Erst 1910 entschloss man sich zum Bau der Straße, die sich immer kühner um steil abfallende Felsen und zerklüftete Buchten schlängelt.

In **Lovere** 9, dem geschichtsträchtigen Ort, gibt es einiges zu entdecken, u. a. eine erstaunlich gute Gemälde- und Porzellansammlung im Museo Tadini (Ostern–Okt. 15–18 Uhr, So, Fei 10–12 Uhr).

RESTAURANT

Enoteca Tresanda €–€€

Das kleine Lokal überrascht mit delikater Küche und exzellenten Weinen. > **mehr S. 15 Punkt** 20

- Via Tresanda 25 | Sarnico
  Tel. 035 91 20 06

OSTUFER

Das Ostufer hält an Romantik leider nicht, was die ersten Kilometer Richtung Süden versprechen. In **Pisogne** 10 lohnt ein Besuch der aus dem 15. Jh. stammenden Augustinerkirche **Madonna della Neve** am Ortsrand auf der Straße in den Vorort Fraine. Der Freskenschmuck des Renaissancekünstlers Romanino im Inneren trug der Kirche den Beinamen »Sixtinische Kapelle der Armen« ein (Schlüssel in der Bar neben der Kirche).

MONTE ISOLA 11 ★

Die »Floating Piers« des Verpackungskünstlers Christo haben dem Iseo-See und seiner Insel 2016 weltweite Aufmerksamkeit beschert. Nun ist es wieder ruhig rund um den »Inselberg«. Auch weiterhin dürfen nur Einheimische mit ihren Fahrzeugen fahren. Alle anderen Besucher können das Eiland mitten im See zu Fuß erkunden (Umrundung 3 Std.), die winzigen Siedlungen verbindet auch ein Bus. Einen Fahrradverleih gibt es in **Peschiera Maraglio.** Der etwa 40-minütige Aufstieg von Peschiera Maraglio zur Wallfahrtskirche **Madonna della Ceriola** in 600 m Höhe (16. Jh., Kapelle 11. Jh.) wird mit einem grandiosen Ausblick belohnt: Wie kostbare Jade funkelt in der Tiefe der See, perlengleich schimmern die vorgelagerten privaten Inselchen San Paolo und Loreto. Nicht selten diente Monte Isola als Zufluchtsstätte, wovon noch heute die Überreste mittelalterlicher Befestigungsanlagen im Örtchen Siviano zeugen.

VERKEHR ZU INSEL

Personenfähren verkehren im Sommer alle 30 Min. von Iseo und von Sulzano alle 15 Min., im Winter weniger häufig (www.navigazionelagoiseo.it).

RESTAURANT

Trattoria La Spiaggetta €€

Vorzügliches kleines Fischlokal.

- Via Sensole 26 | Monte Isola
  Tel. 030 988 61 41 | Di geschl.

LAGO D'IDRO A2/3

Mit einer Höhe von 368 m über dem Meeresspiegel ist der etwa 10 km lange, bis zu 2 km breite und 122 m tiefe See der höchstliegende in Oberitalien, was sich aber nicht auf die Wassertemperatur auswirkt: Der Bergsee hat im Sommer rund 25 °C. Durchreisende können das an der schmalen Südspitze angesiedelte **Idro** 12 getrost rechts liegen lassen, wer hingegen seine Zelte am »Lacus Eridius« der alten Römer aufschlagen möchte, sollte die einladenden Campingplätze, die rund um den winzigen Hauptort zu finden sind, einmal ausprobieren.

CAMPING

Campeggio Venus

Gepflegte Anlage direkt am Wasser.

- Via Trento 94 | Idro
  Tel. 0365 831 90 | www.campingvenus.it

Ruhesuchende werden sich am Bergsee Lago d'Idro wohlfühlen

DAS WESTUFER

Die Burgruine des Fischerdorfs **Anfo** 13 A3 am Westufer des Idro-Sees, einst eine gewaltige Festung der Venezianer gegen das widerspenstige Geschlecht der Lodrone, diente 1866 Garibaldi als Hauptquartier. Auf der z. T. hoch über dem Ufer angelegten Panoramastraße liegt 4,4 km hinter Anfo Richtung Norden am linken Straßenrand das **Oratorio Sant'Antonio.** Die von außen unscheinbare Kapelle birgt im Inneren Freskenschmuck aus dem 15./16. Jh., ist aber leider häufig geschlossen. In **Ponte Caffaro,** nur 2 km vor der Nordspitze des Sees, trafen im Mittelalter das Territorium Mailands und dann das Venedigs mit dem der Grafen Lodrone aufeinander; hier verlief bis 1918 auch die Grenze zwischen Italien und dem damals noch österreichischen Trentino.

BAGOLINO 14 A2

Eisenerz bescherte dem einsamen Caffaro-Tal, das eine kühne Höhenstraße für heutige Verkehrsmittel erschlossen hat, schon vor Jahrhunderten beachtlichen Reichtum. Sehenswert sind die über dem Ort thronende **Chiesa San Giorgio** (frühes 17. Jh.), deren Hauptportal sieben Arkaden schmücken, und im unteren Ortsteil die **Chiesa San Rocco** (15. Jh.). Der einstige Wohlstand Bagolinos zeigt sich an den hübschen Bürgerhäusern im Stil des ausklingenden Mittelalters. In dem Ort wird heute noch das traditionelle Maskentreiben im Karneval liebevoll gepflegt und auch in den Kochtöpfen huldigt man der guten alten Zeit.

Karte S. 118

HOTEL/RESTAURANT

Albergo Al Tempo Perduto €–€€
Sehr gute klassische Küche.
• Via San Rocco 46 | Bagolino
Tel. 0365 991 45 | www.altempoperduto.it

Al Cavallino €–€€
Deftige Spezialitäten aus der Region.
• Via San Giorgio 164 | Bagolino
Tel. 0365 991 03 | www.ristorante alcavallino.it | Sept.–Juni Di geschl.

AUSFLUG INS VAL D'AMPOLA 15 B/C1 UND ZUM TREMALZO-PASS C2

Über das nördlich des Idro-Sees gelegene **Lodrone** A2 passiert man auf dem Weg Richtung Storo das Dörfchen **Darzo** A2. Hier thront ein golden glänzender Engel mit Posaune auf der Kirchturmspitze, als wollte er dem Reisenden verkünden, dass eine himmlische Landschaft nach der Abzweigung zum Ledro-See (in Storo) auf ihn wartet: das **Val d'Ampola.** Den Straßenbauern blieb nichts anderes übrig, als dem Verlauf des Wildbaches Palvico zu folgen, um eine befahrbare Schneise durch den Fels zu schlagen. Hohe Steinschlagzäune sichern die bisweilen überhängenden Wände, an denen immer wieder Wasserfälle zu Tal stürzen. Immer höher zieht sich die enge, kurvenreiche Strecke zum Sattel des Ampola-Pass' in 747 m Höhe. Vom Val d'Ampola zweigt eine gut ausgebaute Straße zum **Passo di Tremalzo** mit dem auf 1686 m Höhe liegenden Schutzhaus Garda ab (13 km).

Keinesfalls sollte man der Versuchung erliegen, mit dem Auto vom Tremalzo-Pass hinunter zum Gardasee zu fahren. Die in manchen Karten als ausgebaut dargestellte Direktverbindung zum See ist nur mit Mountainbikes oder zu Fuß zu bewältigen!

LAGO DI VALVESTINO 16 ★ B3/4

Wer nicht zum Lago di Ledro weiterfahren möchte, muss wieder zurück nach Idro und von dort durch das kurvenreiche **Capovalle** und **Val de Molin.** Der Lago di Valvestino, ein kleiner Stausee am Oberlauf des Toscolano, besticht durch seine unberührte Natur und sein fjordartiges Aussehen. Die Fahrt am Nordufer entlang ist ein spektakuläres Erlebnis, nicht zuletzt wegen der schwindelerregenden Brücken, die über die Seitenarme des Sees führen. In Ponte Pola erreicht man die die 124 m hohe und 283 m breite Staumauer. Zu deren Füßen breitet sich der Naturpark des **Alto Garda Bresciano** aus. Hier kann man herrliche Wanderungen unternehmen (www.parks.it/parco.alto.garda.bresciano).

Um vom Lago di Valvestino zum Gardasee zu gelangen, fährt man auf der Uferstraße des Stausees weiter Richtung Süden. Man folgt dem Flusstal des Toscolano, um dann via Navazzo über zahlreiche Serpentinen den See bei Gargnano › S. 86 zu erreichen. Die reizvolle Strecke verlangt aber absolute Fahrsicherheit.

VERONA

Die Piazza Brà, Veronas riesiger Hauptplatz, ist von morgens bis spätabends voller Leben

Die nur eine knappe Fahrstunde vom Gardasee entfernte Kulturstadt lohnt auch außerhalb der Festspielzeit einen Besuch. Die Stadt von Romeo und Julia bedient jedes Interesse, sei es Geschichte, Architektur, Kultur, Skandale, Romanzen …

Romantisch, kein anderes Attribut passt besser zu jenem Ort, an dem sich das Schicksal des wohl berühmtesten Liebespaares der Weltliteratur erfüllte. Alljährlich pilgern Tausende Besucher nach Verona, um die historischen Schauplätze der tragischen Liebesgeschichte von Romeo und Julia aufzusuchen. Doch in Verona gibt es weit mehr anzuschauen: Das drittgrößte Amphitheater Italiens ist nur eines davon: In den Straßen und Gassen der Altstadt sind wunderschöne Plätze, unzählige prächtige Palazzi, Kirchen und Kunstschätze zu bewundern – und natürlich die Casa di Guiletta.

Nicht nur die Römer hinterließen ihr Erbe in der einstigen Keltensiedlung, sondern auch viele andere Hauptdarsteller auf der Bühne des politischen Welttheaters.

Doch Verona verführt ebenso mit schönen Geschäften zum Shoppen und mit netten Cafés und Bars zum Verweilen.

TOUREN IN VERONA

TOUR 11

SPAZIERGANG IM ZENTRUM

ROUTE: Arena di Verona › Piazza delle Erbe › Piazza dei Signori › Basilica Sant'Anastasia › Casa di Giulietta › San Fermo Maggiore

KARTE: Seite 136
DAUER: ca. 2 Std. reine Gehzeit.
PRAKTISCHE HINWEISE:

- Die historische Altstadt ist verkehrsberuhigt, Parkplätze außerhalb knapp und die Parkhäuser teuer (3 €/Std. und mehr).
- Empfehlenswert ist die Anfahrt mit Bussen, die häufig vom Gardasee-Ostufer nach Verona fahren › **S. 27**, oder von Desenzano halbstündlich mit dem Regionalzug, Fahrzeit 25 Min., hält auch in Peschiera, Retourticket 9 €.
- Die Kirchen San Zeno, San Lorenzo, der Dom, Sant'Anastasia und San Fermo Maggiore sind Mo–Sa 9–18 und So/Fei ab 13 Uhr offen.
- Die Fahrt nach Verona kann man gut mit einer Tour durch das Valpolicella › **S. 73** verbinden und kommt dann von Norden in die Stadt.

In der Arena di Verona versammeln sich im Sommer Opernfreunde aus aller Welt

TOUR-START: ARENA DI VERONA A 12 AN DER PIAZZA BRÀ D3

Noch größer als das Amphitheater an der **Piazza Brà** sind nur noch das Colosseum in Rom und das Amphitheater von Capua in Kampanien. Die **Arena** in Verona wurde um 50 n. Chr. errichtet, ursprünglich war sie 152 m lang und 123 m breit. Ausgerichtet war sie damals für 30 000 Zuschauer. Heute weist sie nach diversen Erdbeben immer noch eine Länge von 138 m und eine Breite von 109 m auf und bietet über 20 000 Menschen Platz. Seit 1913 werden hier die Opernfestspiele veranstaltet, die zu den kulturellen Highlights Italiens gehören › S. 138.

Gegenüber der Arena markieren zwei venezianische Torbögen aus dem 15. Jh., die **Portoni della Brà,** den Beginn des breiten Corso Porta Nuova. In dem langgestreckten, mit großen Rundbogenarkaden versehenen Barockpalast **Palazzo della Gran Guardia** (frühes 17. Jh.) war einst die venezianische Hauptwache untergebracht. Wenige Schritte weiter wurde im 19. Jh. das säulengeschmückte klassizistische **Municipio** (Rathaus) für die Hauptwache der österreichischen Truppen errichtet. Von hier geht es entlang der belebten Einkaufsstraße **Via Mazzini** hinauf zur Piazza delle Erbe.

PIAZZA DELLE ERBE B E2

Einst war der Platz ein römisches Forum, heute verkaufen dort ein paar Marktstände Obst und Souvenirs. Der Charme dieser vielfotografierten Piazza, kommt von den wunderschönen alten Bauten, die ihn umrahmen. Die gotische **Colonna del Mercato** wurde 1401 unter den Visconti errichtet. Mittelpunkt der Piazza ist der **Capitello,** auch *Berlina* genannt. Der Marmorbal-

TOUREN IN VERONA
TOUR 11
SPAZIERGANG IM ZENTRUM
A Arena/Piazza Brà
B Piazza delle Erbe
C Piazza dei Signori
D Basilica di Sant'Anastasia
E Casa di Giulietta
F San Fermo Maggiore
TOUR 12
AN DER ETSCH
G San Zeno Maggiore
H Castelvecchio
I Porta Borsari
J Dom
K Ponte Pietra
L San Giorgio Maggiore
M Teatro Romano
N Giardini Giustiani
O Tomba di Giulietta
START 12
San Zeno Maggiore
Piazza S. Zeno
San Procolo
Via Cristoforo Colombo
Ponte Catena
Via F. T. d. Uberti
Piazza Vittorio Veneto
Via d. Mille
Via C. Ederle
Via IV Novembre
Risorgimento
Lungadige
Via Tommaso
Via Spagna
Via Raterio
Pontida
Ponte Risorgimento
Viale della Repubblica
Cangrande
Ponte d. Vittoria
Da Vico
Adige
Via Porta S. Zeno
V. Barbarani
Via S. Giuseppe
Rigaste S. Zeno
P.za Arsenale
Ponte Scaligero
Corso Cavour
Via Roma
Museo Lapidario Maffeiano
Portoni della Brà
Scarsellini
Via Rosmini
Provolo
Vic. S. Bernardino
Palio
V. Manin
Marconi
Porta
S. Teresa d. Scalzi
Stradone
Via Scalzi
Via Valverde
Bentego
Via Batti.
Circonv. Interna
Giardino Zoologico
Alfredo Oriani
Via Città di Nîmes
Corso Porta Nuova
Via Minatore
Viale Luciano Dal Cero
Porta Nuova
Via Franco
Stazione Porta Nuova F.S.

San Giorgio Maggiore
S. Stefano
Castel S. Pietro
Lungadige San Giorgio
Erzbisch. Palast
Piazza Vescovado
Ponte Pietra
Museo Archeologico
Biblioteca Capitolare
V. Nino Bixio
Via Prato Santo
Lungadige G. Matteotti
Ponte Garibaldi
P.za Duomo
Via Duomo
S. Giovanni in Valle
Via Redentore
Via S. Chiara
Via S. Maria in Organo
Via Garibaldi
V. Ponte Pietra
Lungadige Re Teodorico
Panvinio
Emilei
C. S. Anastasia
Via Sottoriva
Nuova
Palazzo Maffei
Pal. d. Governo
S. Eufemia
Francesco
Markt-brunnen
V. Ponte
Arche Scaligere
Morta
Acqua
Palazzo Giusti
Via Giusti
Lungadige
Via
Corso P.ta Borsari
Palazzo d. Ragione
P.za Indipen-denza
Piazza delle Erbe
Ponte Nuovo
Via Carducci
Interrato dell'
Via Muro Padri
Via Catullo
Mazzini
Via Cappello
Lungadige Rubele
Lungadige Sanmicheli
Via Oberdan
V. Mario
Via Stella
Anfiteatro
Porta Leoni
Via S. Nicolò
Ponte Navi
Via XX. Settembre
S. Paolo
Liston
START
Via Leoncino
Piazza Brà
Str. S. Fermo
Palazzo Pompei
Pal. d. Gran Guardia
Municipio
V. d. Alpini
Str. Maffei
Via Filippini
Lungadige P.ta Vittoria
Adige
Università
Via Adigetto
Via
Via Macello
Pallone
Via Montanari
Don Bertoni
Ponte Aleardi
Via F. Torbido
Via del Pontiere
Via W. Shakespeare
Cimitero
Tomba di Giulietta
Lungadige Capuleti
Galtarossa
SS. Trinità
Via d. Zappatore
Via del Lanciere
Via del Fante
Monumentale
Giardini Pubblici Raggio di Sole
Ponte S. Francesco
Lungadige
Verona
N
0
300 m

OPERNABEND IN DER ARENA

»E lucevan le stelle« – wenn die berühmte Arie aus Tosca oder andere Arien aus Puccini- oder Verdi-Opern in der Arena erklingen, geraten selbst Opernmuffel ins Schwärmen. Zu Verdis 100. Geburtstag 1913 dirigierte Tullio Serafin hier die erste Oper: »Aida«. Seither haben die Opernabende in der Arena 10 Mio. Zuschauer begeistert. Schon vor 2000 Jahren verfolgten Römer in der Arena *panem et circenses*, Brot und Spiele. Bis heute erlebte das riesige Amphitheater (20 000 Sitzplätze) mittelalterliche Turniere, Duelle und Stierkämpfe.

Karten sind knapp, vor allem wenn internationale Prominenz singt, ist es gut, wenn man bereits Monate im Voraus bucht (www.arena-verona.de). Tickets bekommt man auch in autorisierten Verkaufsstellen und bei Reiseagenturen in vielen Gardaseeorten. Vom Ostufer des Gardasees verkehrt an Spieltagen zwischen Malcesine und Peschiera ein spezieller Opera-Bus-Service (8 €). Mit Glück gibt es noch Restkarten an der Opernkasse (Via Dietro Anfiteatro 6/B, Tel. 045 800 51 51, www.arena.it). Karten kosten ab etwa 17 € bis über 200 €. Am bequemsten ist die Kategorie *poltronissima* mit Lehnsesseln im Parkett. In der preiswerten *gradinata* sitzt man unter den wahren, meist einheimischen Operfans, da wird schon mal mitgesungen und gejubelt – und auch mal gebuht.

Apropos *panem:* Auf den unbestuhlten Stufen der *gradinata* gehören Parmaschinken und Olivenpaste zum Opernerlebnis, die man vorher z.B. bei **Gastronomia Stella** (Via Stella 11, Tel. 04 58 00 49 98, Mo bis Sa 8–13 und 16–19.30 Uhr) ordert. Auch mitgebrachte Getränke in Behältnissen aus Plastik sind erlaubt.

Eine Aufführung in der Arena ist ein bleibendes Erlebnis

dachin (spätes 15. Jh.) diente erst als Ort der Amtseinführung der *podestà* (Stadtvögte) und in späterer Zeit als Pranger.

Hinter der Marmorsäule mit dem geflügelten venezianischen Löwen findet sich der **Palazzo Maffei** (Mitte 17. Jh.), rechts davon liegt die **Casa dei Mazzanti,** ein im 14. Jh. von den Scaligern errichteter Prunkbau mit Resten mythologischer Fresken aus dem 16. Jh. Beachtung verdient der Marktbrunnen (14. Jh.). Ihn ziert die als Seele der Stadt geltende antike Madonnenfigur, die auf einem Spruchband das Veroneser Motto verkündet: »Est iusti latrix urbs et laudis amatrix« (»Die Stadt ist des Rechtes Dienerin und des Lobes Liebhaberin«).

PIAZZA DEI SIGNORI C E2

Der Arco della Costa — der Name leitet sich von der im Bogen aufgehängten Walrippe ab — verbindet die Piazza delle Erbe mit der Piazza dei Signori. Gleich links stehen die **Casa dei Giudici** (17. Jh., einst Wohnsitz der venezianischen Richter) und rechts der **Palazzo della Ragione** (Rathaus) aus dem 12. Jh. mit der **Torre Lamberti.** Der Turm bietet einen schönen Blick über die Stadt (tgl. 9—19 Uhr).

Im Renaissancebau des **Palazzo del Tribunale,** auch *Palazzo del Capitano* genannt, 1530 nach dem Umbau eines Scaligerturms entstanden, residierten einst die Statthalter Venedigs. Der zinnengekrönte, 1532 in seiner jetzigen Form gestaltete **Palazzo del Governo,** einst Scaliger-Residenz, ist heute Sitz der Präfektur. 1303 lebte Dante in dem Palast. Ein Denkmal auf der Platzmitte sowie das Caffè Dante, Veronas ältestes Kaffeehaus, erinnern an den großen Dichter. Am angrenzenden Piazzaletto delle **Arche degli Scaligeri** bewachen schmiedeeiserne Gitter die gotischen Scaligergräber, von denen sich einige an die Fassade der romanischen Kirche Santa Maria Antica (12. Jh.) schmiegen. Schräg gegenüber, in der Via Arche Scaligere, verbirgt sich in der Nr. 2–4 das Geburtshaus von Romeo (12. Jh.).

BASILICA SANT'ANASTASIA D E2

Am Ende der Via Sant'Anastasia birgt die im 15. Jh. fertig gestellte Dominikanerkirche rechts vom Hauptchor Antonio Pisanellos berühmtes »Georgs-Fresko« aus dem 15. Jh. Einen Blick sollte man auch den beiden von buckligen Zwergen *(i due gobbi)* getragenen Weihwasserbecken gönnen sowie der Kapelle links vom Chor: Die Fresken (16. Jh.) zeigen Jesus predigend – nicht am See Genezareth, sondern am Gardasee.

CASA DI GIULIETTA E E2

Zurück an der Piazza delle Erbe muss man nur dem Touristenstrom in die Via Cappello folgen, um alsbald unter dem berühmtesten Balkon der Welt zu stehen: Im **Palazzo Capuleti** (Nr. 23) soll Shakespeares Julia gewohnt haben. Vorbei an der kurzen Einfahrt mit Tausenden Liebesschwüren an den Wänden, gelangt man in den Hof mit ihrer Statue (Di–So 8.30–19.30, Mo 13.30 bis 19.30 Uhr, 6 €, erm. 4,50 €).

SAN FERMO MAGGIORE F E3

Weiter die Via Cappello hinauf, kommt man an den Resten des römischen Stadttores Porta Leoni vorbei zur Kirche, die Benediktinermönche an der Stelle errichteten, wo Veronas Märtyrer Fermo und Rustico 361 n. Chr. den Tod fanden. Die Unterkirche (11. Jh.) ist die älteste romanische Kirche Veronas.

TOUR 12

AN DER ETSCH

ROUTE: San Zeno Maggiore › Castelvecchio › Porta Borsari › Dom › Ponte Pietra › San Giorgio Maggiore › Teatro Romano › Giardini Giustiani › Tomba di Giulietta

KARTE: Seite 136
DAUER: ca. 2 Std. reine Gehzeit.
PRAKTISCHE HINWEISE:
- Diese Tour hat längere Gehstrecken.

TOUR-START: SAN ZENO MAGGIORE G A2

Etwas abseits des prächtigen Altstadtkerns thront die grandiose Basilika, die als schönster romanischer Sakralbau in Oberitalien gilt. Nach der Zerstörung der Vorgängerkirche aus dem 9. Jh. wurde die neue, vergrößerte Basilika 1138 vollendet und Veronas erstem Bischof und Patron, dem hl. Zeno, geweiht. Die farbige Holzstatue des heiter lächelnden Heiligen (14. Jh.) wird von den Veronesern als Symbol ihrer Stadt besonders verehrt. Neben den kostbaren Fresken (12. bis 14. Jh.) im Innenraum verdient das Altar-Triptychon »Madonna und Heilige« (15. Jh.) von Andrea Mantegna Beachtung. Neben dem großartigen **Bronzetor** mit den 48 Reliefplatten faszinieren die **Steinreliefs** des Meisters Nicolò (12. Jh.) zu beiden Seiten des stattlichen Portals. Auf der rechten Seite ist der Höllenritt des Gotenkönigs Theoderich dargestellt, als Arianer war er in den Augen der katholischen Kirche ein Ketzer. Vorbei an der Fassade der rechts von San Zeno liegenden romanischen Kirche **San Procolo** kommt man zur Piazza Corrubbio, von der aus die Via Barbarani direkt zur Etsch führt.

CASTELVECCHIO H C3

Unmittelbar am Fluss errichtete der verhasste Cangrande II. della Scala in der Mitte des 14. Jhs. das Castelvecchio zum Schutz vor Volksaufständen. Im größten Bauwerk der Scaligerzeit ist der Sitz des **Museo di Castelvecchio**; Veronas bedeutendstes Kunstmuseum präsentiert u. a. Meister der Veroneser und der Venezianischen Malerschule vom 13. bis 18. Jh. (darunter Gemälde von Pisanello, Veronese, Mantegna und Tintoretto). Ein Vorzeigestück der Veroneser Steinmetzkunst ist die **Reiterstatue des Cangrande** (Di

Markt auf der Ponte Castelvecchio in Verona

bis So 8.30–19.30, Mo 13.30 bis 19.30 Uhr).

Durch das Castello gelangt man auch auf die **Ponte Scaligero,** die Cangrande II. als Fluchtweg ans andere Ufer bauen ließ. Direkt neben der Burg wurde ein römischer Ehrenbogen, der **Arco dei Gavi,** aus dem 1. Jh. mit Orginalteilen rekonstruiert. Vorbei an den Palästen des Veroneser Adels aus dem 16. bis 18. Jh. führt der Corso Cavour zur Porta Borsari.

PORTA BORSARI I D2

Nur noch die Frontwand des um 100 n. Chr. errichteten römischen Stadttores hat sich erhalten. Zwei Bögen ließen die Besucher der antiken Stadt ein- und hinaustreten. Der Name »Borsari« leitet sich übrigens von den Wechslern ab, die hier im Mittelalter das Geld fremder Besucher in die heimische Währung tauschten.

DOM J D/E1

Auf den Fundamenten einer frühchristlichen Kirche (5. Jh.) ruht der Dom Santa Maria Matricolare, im 15. Jh. im gotischen Stil umgebaut. Am reich geschmückten Portal halten linker Hand die Paladine Karls des Großen, Wache. Im ersten Seitenaltar links besticht Tizians »Assunzione della Vergine« durch die geniale Farbkomposition. Auf dieser Seite versteckt sich unter der Orgel eine unscheinbare Holztür, die den Weg zur Taufkapelle San Giovanni in Fonte (12. Jh.) freigibt. Meisterhafte Reliefs am Taufbecken erzählen aus dem Leben Jesu.

Links neben dem Dom führt der Weg zu der winzigen Kirche **Sant' Elena** (12. Jh.) sowie zum Kreuzgang des Domes.

Eine weitere Kostbarkeit ersten Ranges an der Piazza del Duomo ist die **Biblioteca Capitolare.** In der angeblich ältesten noch erhaltenen

Bibliothek der Welt lassen sich Handschriften aus dem 4. und 5. Jh. bewundern (www.bibliotecacapitolare.it, Mo–Fr 9.30–12.30 Uhr).

PONTE PIETRA K E1

Der Etsch-Übergang, der als Steinbrücke bereits im Altertum existierte, wurde erstmals im Mittelalter und dann nochmals nach dem Zweiten Weltkrieg in der einstigen Form rekonstruiert. Von der Brücke bietet sich ein bezaubernder Ausblick auf das linke Etsch-Ufer und die Kulisse des Colle di San Pietro dahinter.

SAN GIORGIO MAGGIORE L D1

Flussabwärts gehört **Santo Stefano** zu den ältesten Kirchenbauten Veronas (Gründung 5.–6. Jh., Umbauten im 12. Jh.). Ein Stück flussaufwärts steht nahe der Stadtmauer San Giorgio Maggiore mit einer Kuppel von Sanmicheli, sie ist die sicher schönste Renaissancekirche von Verona (15./16. Jh.). Glanzstücke des mächtigen, einschiffigen Innenraums sind die »Taufe Christi« von Jacopo Tintoretto über dem Portal und das Altarbild »Die Marter des hl. Georg« von Paolo Veronese, das durch seine Lichtführung besticht.

TEATRO ROMANO M E1

Nahe der Ponte Pietra liegen inmitten eines gepflegten Parks die Ruinen des Teatro Romano. Um 10 n. Chr. entstanden, wurde das römische Theater im Mittelalter als Steinbruch missbraucht und erst im 19. Jh. systematisch freigelegt. Heute dient die teilweise überbaute antike Ruine als Schauplatz sommerlicher Shakespeare-Aufführungen. Ein Aufzug führt vom Theater zu dem direkt darüber liegenden **Archäologischen Museum** in dem einstigen Kloster San Girolamo. Von dort hat man einen schönen Ausblick auf die Stadt. Die Mosaike des Museums sind sind bewundernswert (Di–So 8.30–19.30, Mo 13.30–19.30 Uhr, 4,50 €).

GIARDINI GIUSTIANI N F2

Der Palast aus dem 16. Jh. könnte nicht prachtvoller platziert sein. Der Adelssitz der Florentiner Familie Giusti erstreckt sich auf einem terrassenförmig angelegten Park im Grüngürtel hoch über den Dächern der Stadt und gibt einen atemberaubenden Panoramablick frei (im Sommer tgl. 9–19 Uhr, im Winter 9 Uhr bis Sonnenuntergang, 8,50 €, erm. 5 €).

TOMBA DI GIULIETTA O E4

In der Via del Pontiere führt eine kleine Allee mit hohen griechischen Säulen zu dem angeblichen **Grab der Julia** im ehemaligen Franziskanerkloster **San Francesco al Corso.** Hier sollen Romeo und Julia heimlich getraut worden sein. In der Krypta wird ein leerer (!) Steinsarkophag als Grab der Julia ausgegeben, das Liebende aus aller Welt mit Bittschriften versehen. Das hier ansässige **Museo degli Affreschi** zeigt u. a. eine Freskensammlung und Altarbilder (Via del Pontiere 9, Di bis So 8.30–19.30, Mo 13.30 bis 19.30 Uhr, 6 €, erm. 4,50 €).

INFO

Tourist Information d3/4

- Via degli Alpini 9 (Piazza Brà)
  Tel. 045 806 86 80
  www.turismoverona.eu

Verona Card: Mit der bei der Tourist Information erhältlichen VeronaCard (24 Std. für 18 €, 48 Std. für 22 €) kann man öffentliche Verkehrsmittel der Stadt gratis nutzen und hat kostenlosen oder ermäßigten Zugang zu vielen Sehenswürdigkeiten.

VERKEHR

- **Flughafen:** Der internationale Flughafen Valerio Catullo (www.aeroportoverona.it) liegt 12 km südwestlich bei Villafranca di Verona. Shuttlebusse fahren alle 20 Min. zum/vom Bahnhof Porta Nuova.
- **Bahnhof:** Von hier bestehen Busverbindungen in die Innenstadt – oder man geht 15 Min. zu Fuß bis Piazza Brà.
- **Buslinien:** Die Busse an den Gardasee fahren vom Bahnhof Porta Nuova ab.
- **Parkmöglichkeiten:** Am ehesten fündig wird man an der Kirche San Zeno Maggiore > **S. 140**, am anderen Etschufer oder beim Messegelände (Busse ins Zentrum). Arenabesucher sollten es im Parkhaus Arena, sonst auf der Piazza Cittadella, nahe der Piazza Brà (ausgeschildert), versuchen.
- **Verona Bike,** Anmeldung im I.A.T.-Büro an der Piazza Bra, danach kann man per Code ein Rad auslösen, www.bikeverona.it, 2 Std./2 €. > **mehr S. 13 Punkt 10**

HOTELS

Due Torri Hotel €€€ e2

5-Sterne-Luxus in einem mit Antiquitäten ausgestatteten Palazzo (14. Jh.).

- Piazza S. Anastasia 4 | Verona
  Tel. 045 59 50 44
  hotelduetorri.duetorrihotels.com

STADTGESCHICHTE

Die geschützte Lage in einer langen Schleife der Etsch zog schon früh erste keltische Siedler an. Nach der Eroberung durch die Römer im 1. Jh. v. Chr. begann das »Goldene Zeitalter« Veronas. An der Kreuzung zweier Fernstraßen blühten Handel und Kultur. Selbst nach dem Ende des Imperium Romanum 476 blieb die Stadt ein bedeutendes Zentrum. Auch der Ostgotenkönig Theoderich, der als Dietrich von Bern (= Verona) in die Heldensage einging, residierte hier. Auf die Byzantiner folgten die Langobarden, am Ende des 8. Jhs. die Karolinger. 1277 gingen die Della Scala siegreich aus dem Kampf der Patrizierfamilien hervor. Die fast 100-jährige Herrschaft der Familie war geprägt von Tyrannei und blutigen Fehden innerhalb der Sippschaft, sodass die Stadt aufatmete, als 1387 der Mailänder Herzog Bernabò Visconti für ein kurzes Intermezzo die Macht übernahm.

Zermürbt von den ewigen Kämpfen mit fremden Herren, unterstellte sich Verona 1405 schließlich der Republik Venedig, die der Stadt eine lange Friedenszeit bescherte – bis 1796 Napoleon Venedig besiegte. Nach dessen Sturz fiel Verona 1814 an die Österreicher. 1866 schließlich wurde Verona endgültig Teil des neuerstandenen Königreichs Italien.

Karte S. 136

Hotel Aurora €€–€€€ d2
Renoviertes, freundliches Hotel im historischen Zentrum mit Dachterrasse.
- Piazzetta XIV Novembre 2 | Verona
Tel. 045 59 47 17 | www.hotelaurora.biz

Hotel Bologna €€ d3
Schönes, modernes 3-Sterne-Hotel nur 50 m von der Arena entfernt.
- Piazzetta Scalette Rubiani 3 | Verona
Tel. 045 800 68 30
www.hotelbologna.vr.it

Il Maestro Chambre d'Hotes €€
Originelles B&B, jedes Zimmer ist in einem anderen Stil eingerichtet; liegt etwas außerhalb der City im Stadtteil Borgo Milano, ca. 2 km von der Altstadt.
- Via Vittorio Piatti 56 | Verona
Tel. 045 222 01 98
www.bebilmaestro.it

RESTAURANTS

Il Desco €€€ e2
Zwei Michelin-Sterne für die kreative venetische Küche. Sensationell!
- Via Dietro San Sebastiano 7 | Verona
Tel. 045 59 53 58 | www.ildesco.com
So, Fei, Mo mittags geschl.

Antica Bottega del Vino €€–€€€ e2/3
In dem originellen alten Weinlokal genießt man leckere Antipasti und kleine Speisen *(cicheti)*, große Weinauswahl.
- Vicolo Scudo di Francia 3 | Verona
Tel. 045 800 45 35
www.bottegavini.it | Di geschl.

Locanda 4 Cuochi €€ d3
Junge, frische italienische Spitzenküche, mit Bib Gourmand ausgezeichnet, aber durchaus erschwinglich.
- Via Alberto Mario 12 | Verona
Tel. 045 803 03 11
www.locanda4cuochi.it | Mo geschl.

Maffei €€ d2
Hier werden typische Gerichte aus dem Veneto serviert wie Scampi mit Spargelcreme, schöner Innenhof.
- Piazza del Erbe 38 | Verona
Tel. 045 801 00 15 | ristorantemaffei.it
12–23 Uhr, So geschl.

Parma a Tavola €–€€ e2
Wer gern ausgezeichnte hausgemachte Pasta isst, kann hier sogar beim Zubereiten zusehen.
- Corso Sant' Anastasia 20 | Verona
Tel. 045 801 20 01
www.parmatavola.com

La Piazetta €€ d2
Schönes Lokal, leckere regionale Gerichte fantasievoll angerichet, himmlische Desserts, gute Weine.
- Corte San Giovanni in Foro 4 | Verona
Tel. 045 591 10 99
www.lapiazettaverona.it

MÄRKTE

Wochenmärkte vor der Kirche San Zeno (Di, Fr), am Stadio Comunale (Sa).
Kunst- und Antiquitätenmarkt *mercato dell' antiquariato* auf der Piazza San Zeno (3. Sa im Monat 8–17 Uhr).

SHOPPING

Die Einkaufsmeile **Via Mazzini** d2/3 bietet für jeden, der einen gut gefüllten Geldbeutel dabei hat, etwas: schicke Schuhe, edle Accessoires, süße Verführungen. Die elegantesten Geschäfte Veronas säumen jedoch den weniger rummeligen **Corso Porta Borsari** d2.

EXTRA-TOUREN

Einen Besuch der Insel Garda mit ihrer markanten Villa und dem herrlichen Garten sollte man keinesfalls versäumen

TOUR 13

MIT MUßE UM DEN GARDASEE IN SIEBEN TAGEN

ROUTE: Riva del Garda > Lago di Ledro > Arco > Riva > Tremosine > Tignale > Gargnano > Limone > Riva > Malcesine > Monte Baldo > Punta S. Vigilio > Garda > Bardolino > Verona > Valpolicella > Lazise > Bardolino > Peschiera del Garda > Valeggio sul Mincio > Solferino > Desenzano del Garda > Valtènesi > Salò > Sirmione > Salò > Gardone Riviera > Toscolano-Maderno > Limone > Riva

KARTE: Klappe hinten

DISTANZEN:

Riva > **Lago di Ledro** > **Arco** > **Riva** 40 km; **Riva** > **Tremosine** > **Tignale** > **Gargnano** > **Limone** > **Riva** 60 km, **Riva** > **Malcesine** > **Monte Baldo** > **Punta S. Vigilio** > **Garda** > **Bardolino** 45 km; **Bardolino** > **Verona** > **Lazise** > **Bardolino** 65 km; **Bardolino** > **Peschiera** > **Valeggio sul Mincio** > **Solferino** > **Desenzano** > **Valtènesi** > **Salò** 110 km; **Salò** > **Sirmione** > **Salò** (mit Schiff, je 60–90 Min.); **Salò** > **Gardone** > **Toscolano-Maderno** > **Limone** > **Riva** 46 km

VERKEHRSMITTEL:

Den größten Teil der Tour unternimmt man mit dem Auto. In allen Orten sind – meist gebührenpflichtige – Parkplätze ausgeschildert. Nach Sirmione fährt man von Salò aus man mit dem Schiff morgens zw. 10 und 10.30 Uhr > S. 27 und abends aber noch vor 18 Uhr zurück nach Salò.

1. TAG: **Riva** > S. 54 am Nordufer des Gardasees ist Ausgangspunkt für die ersten zwei Tage dieser Tour. Sie erkunden das spannende Hinterland von Riva und fahren zuerst zum türkisblauen **Lago di Ledro** > S. 58 und dort am Westufer entlang bis Pieve di Ledro. Im Museum in Molina di Ledro sind Fundstücke der im See gefundenen Pfahlbauten ausgestellt. Dann auf dem selben Weg zurück bis Riva und von dort ins nahe **Arco** > S. 57. Auf dem Weg dorthin sehen Sie sich das Naturschauspiel des **Varone-Wasserfalls** > S. 58 an. In Arco lohnt der Aufstieg zur Burg, der einen herrlichen Panoramablick bietet. Zurück in Riva können Unternehmungslustige noch auf den **Monte Brione** > S. 57 spazieren, der vom Stadtzentrum in rund 1 Std. zu erreichen ist.

2. TAG: Am nächsten Tag geht es gleich morgens auf einer steilen, kurvenreichen Bergstraße zur Hochebene von **Tremosine** > S. 85 hinauf, die sich fast senkrecht über dem Gardasee erhebt und neben hinreißenden Tiefblicken

auf den Gardasee auch Natur pur bietet. Über Vesio führt der Weg weiter ins Valle di Michele mit seiner hochalpinen Landschaft und dann hinüber zur **Hochebene von Tignale** › S. 88 mit der Wallfahrtskirche **Madonna di Monte Castello.** Am Nachmittag bleibt Zeit für einen Bummel durch **Gargnano** › S. 86. Auf der Rückfahrt nach Riva können Sie noch bei der Cooperative der Olivenbauern in **Limone** › S. 84 vorbeischauen, wo Sie alles Wissenswerte über Olivenöl erfahren und natürlich auch einkaufen können.

3. TAG: heute checken Sie in Riva aus und fahren am Ostufer entlang ins charmante **Malcesine** › S. 62. Wenn die Sicht gut ist, dann lohnt es sich, von hier mit der hochmodernen Seilbahn in etwa 15 Min. auf den **Monte Baldo** › S. 64 zu fahren: Von dort hat man einen herrlichen Blick über den ganzen See. Mit der Seilbahn geht es wieder hinunter und mit dem Auto dann weiter Richtung Süden via Torri del Benaco zum »schönsten Ort der Welt«, der **Punta San Vigilio** › S. 67, wo Sie bei einem Drink in der Locanda San Vigilio das romantische Ambiente bewundern. Im quirligen **Garda** bummeln Sie durch den hübschen Ort, bevor Sie im benachbarten **Bardolino** ihr nächstes Quartier für 2 Nächte beziehen. Abends genießen Sie dann das bezaubernde Flair des Weinstädtchens und gute Küche in einer der vielen Trattorien.

Das elegante Riva del Garda im Norden des Sees ist Ausgangspunkt für diese Tour

4. TAG: Heute fahren Sie in die 30 km entfernte Stadt von Romeo und Julia und planen für die Besichtigung der historischen Altstadt von **Verona** den ganzen Morgen ein. Statt der Schnellstraße via Peschiera wählen Sie für den Rückweg besser die landschaftlich reizvollere und viel gemütlichere Strecke durch das **Valpolicella** › S. 73 mit seinen vielen Weingütern. Sie fahren am östlichen Ufer der Etsch entlang aus Verona Richtung Nordosten raus über Arbizzano, San Pietro in Cariano nach Sant'Ambrogio di Valpolicella. Dort überqueren Sie die Etsch und kommen nach Affi und sind dann gleich in Bardolino. Am späten Nachmittag können Sie im benachbarten **Lazise** › S. 74. beschwingtes südliches Gardaseeambiente schnuppern und den Abend genussvoll ausklingen lassen.

5. TAG: Am nächsten Morgen nehmen Sie Abschied von Bardolino und fahren am Ostufer bis **Peschiera** › S. 108 und von dort am Mincio entlang nach **Valeggio sul Mincio** › S. 112 mit der **Visconti-Brücke** in Borghetto. Dort können Sie einkehren und die berühmte Spezialität des Ortes, Tortellini, essen. Italiens jüngere Geschichte begegnet Ihnen in **Solferino** › S. 111 und in **Castiglione delle Stiviere** › S. 112, beide Orte waren Schauplatz gewaltiger Schlachten in den Befreiungskriegen des Landes im 19. Jh. Von hier fahren Sie in die größte Stadt am Gardasee, **Desenzano del Garda** › S. 101, besichtigen das charmante Hafenstädtchen und die römischen Villa mit eindrucksvollen Bodenmosaiken, bevor Sie ans Westufer ins liebliche **Valtènesi** › S. 94 abbiegen und zu Ihrer nächsten Station für zwei Nächte, **Salò** › S. 92, fahren.

6. TAG: Heute bleibt das Auto stehen. Mit gepackten Badesachen besteigen Sie am Vormittag in Salò das Linienschiff, das Sie in ca. 90 Min., vorbei an der **Punta San Vigilio** › S. 67 über Garda auf die andere Seeseite nach **Sirmione** › S. 104 bringt. Auf der beliebten Halbinsel gehen Sie auf Entdeckungstour, kehren in einem der netten Restaurants in der Altstadt ein und nehmen am Nachmittag an den berühmten Kalkterrassen von Sirmione ein Bad im See. Versäumen Sie aber nicht das letzte Schiff zurück nach Salò, es fährt in der Regel noch vor 18 Uhr!

7. TAG: Am letzten Tourtag brechen Sie früh auf und fahren in Richtung Norden ins noble **Gardone Riviera** › S. 90, wo Sie dem Glanz des einstigen High-Society-Ortes nachspüren. Hier besuchen Sie je nach Gusto das monumentale **Vittoriale degli Italiani** › S. 91 oder den **Giardino Botanico – Fond. Heller** › S. 91. Weiter geht es nach **Toscolano-Maderno** › S. 89. Ein Spaziergang führt ins hübsche Papiermachertal Valle delle Cartiere. Dann setzen Sie die Fahrt fort an der nun immer abenteuerlicher werdenden Gardesana Occidentale mit spektakulären Ausblicken auf See und Berge zwischen den unzähligen Straßentunnels. Nach einem kurzen Zwischenstopp in **Limone** beenden Sie Ihre Gardaseetour an Ihrem Ausgangspunkt in Riva.

TOUR 14

KUNST UND KULTUR IN SECHS TAGEN

ROUTE: Riva > Gargnano > Toscolano-Maderno > Gardone Riviera > Salò > Brescia > Desenzano del Garda > Sirmione > Peschiera del Garda > Valeggio sul Mincio > Verona > Lazise > Bardolino > Garda > Punta San Vigilio > Monte Luppia > Castelletto di Brenzone > Assenza > Malcesine

KARTE: Klappe hinten

DISTANZEN:

Riva > **Gargnano** > **Toscolano-Maderno** > **Gardone Riviera** 50 km; **Gardone Riviera** > **Salò** > **Brescia** 40 km; **Brescia** > **Desenzano del Garda** > **Sirmione** 48 km; **Sirmione** > **Peschiera del Garda** > **Valeggio sul Mincio** > **Verona** 55 km; **Verona** > **Lazise** > **Bardolino** > **Garda** > **Punta San Vigilio** > **Monte Luppia** > **Castelletto di Brenzone** > **Assenza** > **Malcesine** 85 km

VERKEHRSMITTEL:

Mit dem Auto

1. TAG: Die mittelalterliche Stadtburg **Rocca** bewacht das am Nordufer des Sees gelegene **Riva del Garda** > S. 54, von dem aus die Tour startet. Neben dem Hauptplatz mit seinem Turm lohnt hier der Besuch der Chiesa dell'Inviolata. Anschließend fahren Sie auf der berühmten Gardesana Occidentale am Westufer entlang, machen eine kurze Kaffepause im charmanten Limone und setzen dann die Fahrt fort nach **Gargnano** > S. 86 zur Kirche San Francesco mit ihrem romanischen Kreuzgang und weiter ins nahe **Bogliaco** > S. 86, wo Sie unbedingt einen Blick auf die Fassade der barocken Villa Bettoni werfen sollten. Ein Kleinod der Romanik wartet mit der Pfarrkirche Sant'Andrea in **Maderno** > S. 89 auf, bevor man auf der letzten Station des Tages die Kuriositäten des italienischen Schriftstellers Gabriele d'Annunzio im **Vittoriale degli Italiani** > S. 91 in **Gardone Riviera** > S. 90 bestaunt.

2. TAG: Weiter geht es an Gardones prächtigen Villen aus dem 19. Jh. vorbei ins benachbarte **Salò** > S. 92. Der Dom des Städtchens, Höhepunkt der spätgotischen Kunst der Region, zeigt deutliche Einflüsse Venedigs. In Salò verlassen Sie das Seeufer und fahren durchs Hinterland nach **Brescia** > S. 121, das man nach ca. einer Stunde erreicht. Hier beeindrucken die beiden Hauptplätze: die Piazza del Duomo mit ihrem klassizistischen Dom und die **Piazza della Loggia** > S. 125 mit Bogengängen und Renaissancebauten.

Viel Wasser und historische Mühlen machen den Reiz von Borghetto aus

3. TAG: Nach einer Übernachtung in Brescia sollten Sie am Vormittag genügend Zeit für den Höhepunkt jedes Brescia-Besuchs einplanen: das **Monastero di Santa Giulia** › S. 123. Am Nachmittag geht es dann zurück ans Südufer des Gardasees nach **Desenzano del Garda** › S. 101. Von den Spuren antiken Lebens zeugt eine römische Villa. In **Sirmione** › S. 104, dem letzten Ziel an diesem Tag, ist die Antike ebenfalls gegenwärtig, in den **Grotte di Catullo** › S. 105, einer einstigen Prachtvilla aus dem 2. Jh.

4. TAG: Vor der Abreise aus Sirmione am vierten Tag lohnt ein Besuch der Kirche **San Pietro in Mavino** und der **Wasserburg der Scaliger.** Anschließend fahren Sie nach **Peschiera del Garda** › S. 108 und entlang des Flusses Mincio nach **Valeggio sul Mincio** › S. 112 mit der imposanten **Visconti-Brücke** im Ortsteil Borghetto. Auf dem Weg nach Verona können Sie noch einen Abstecher nach **Custoza** › S. 114 machen, wo ein Beinhaus von den Gräueln der italienischen Befreiungskriege erzählt, bevor Sie abends **Verona** › S. 133 erreichen, wo zwei Nächte eingeplant sind.

5. TAG: Der nächste Tag gilt den Sehenswürdigkeiten von Verona: **Arena,** Dom und **San Zeno Maggiore** sind nur drei von vielen Highlights.

6. TAG: Die Reise führt zunächst nach **Lazise** › S. 74. Hier begegnet man der Kunst des Mittelalters in der romanischen Kirche San Nicolò, im nahen **Bardolino** › S. 71 in der Kirche San Severo. In **Garda** › S. 68 lohnt die barocke Pfarrkirche Santa Maria Maggiore mit einem Kreuzgang aus dem 14. Jh einen Besuch. Danach geht es weiter bis zur **Punta San Vigilio** › S. 67, wo Sie vom Parkplatz aus zu Fuß dem Wanderweg nach Crero folgen (rot-weiß-rote Markierung), um nach ca. 90 Min. die einmaligen Felsgravuren am nahen **Monte Luppia** › S. 67 zu erreichen, die zu den ältesten Relikten menschlicher Kunsttätigkeit am Gardasee zählen. Die letzte Etappe führt – dann wieder mit dem Auto – in nördlicher Richtung entlang der Gardesana Orientale zur romanischen Kirche San Zeno in **Castelletto di Brenzone** › S. 64 und anschließend nach **Assenza** › S. 64, wo Sie in der Kirche San Nicolò di Bari das »Abendmahlsfresko« bewundern können. Von hier ist es dann nicht mehr weit nach **Malcesine** › S. 62, der Endstation dieser Tour.

TOUR 15

GARDASEE-HÖHEPUNKTE IN DREI TAGEN

ROUTE: Peschiera › Sirmione › Desenzano › Salò › Gardone › Toscolano-Maderno › Torri del Benaco › Bardolino › Punta San Vigilio › Malcesine › Monte Baldo › Limone › Arco › Riva

KARTE: Klappe hinten

DISTANZEN:
Peschiera › **Sirmione** › **Desenzano** › **Salò** 90 km; **Salò** › **Gardone** › **Toscolano-Maderno** (Autofähre) › **Torri del Benaco** › **Bardolino** 35 km; **Bardolino** › **Punta San Vigilio** › **Malcesine** › **Monte Baldo** (per Seilbahn) › **Malcesine** (Autofähre) › **Limone** › **Arco** › **Riva** ca. 70 km

VERKEHRSMITTEL:
Mit dem Auto; Autofähren von Maderno nach Torri del Benaco (ganzjährig) und von Malcesine nach Limone (1. Juni–Ende Sept.), Seilbahn zum Monte Baldo.

1. TAG: Von der Autobahnausfahrt Gardasee-Süd kommen Sie über die Schnellstraße von Affi nach **Peschiera del Garda** › S. 108, dem Startpunkt der Tour. Fahren Sie gleich weiter zur Halbinsel **Sirmione** › S. 104 und planen für die Besichtigung 2–3 Std. ein. Danach fahren Sie die Uferstraße entlang nach **Desenzano del Garda** › S. 101 mit einem lebhaften Innenstädtchen. Weiter geht es an der Uferstraße via Padenghe durch das hübsche **Valtènesi** › S. 94 mit seinen Weinorten zu ihrem Quartier in **Salò** › S. 92.

2. TAG: Am nächsten Tag verdient **Salò** noch einen Bummel entlang der schönen Seepromenade, bevor Sie ins elegante **Gardone Riviera** › S. 90 fahren. Dort besichtigen Sie das monumentale **Vittoriale degli Italiani** › S. 91. In **Toscolano-Maderno** › S. 89 lohnt das Valle delle Cartiere einen Spaziergang, bevor Sie mit der Autofähre von Maderno nach **Torri del Benaco** › S. 65 übersetzen. Von Torri ist **Bardolino** › S. 71 in 20–40 Min. erreicht.

3. TAG: Heute fahren Sie nach **Malcesine** › S. 62. Wenn die Sicht gut ist, schweben sie mit der Seilbahn in ca. 15 Min. hinauf zum **Monte Baldo** › S. 64 und bewundern die Aussicht. Wieder unten im Ort fahren Sie zum Hafen und setzen mit der Autofähre über nach **Limone** › S. 84, bummeln durch das beliebteste Gardaseestädtchen und fahren anschließend auf der Gardesana Occidentale über **Arco** › S. 57 nach **Riva del Garda** › S. 54, wo Ihre Tour endet.

INFOS VON A–Z

ÄRZTLICHE VERSORGUNG

Für Bürger der EU ist die ambulante Behandlung in öffentlichen Krankenhäusern bei Vorlage der Europäischen Krankenversicherungskarte (EKVK) kostenlos. In Arztpraxen ist die Behandlung kostenpflichtig, meist wird auf Barzahlung bestanden. Für die Erstattung durch die Krankenkasse benötigt man eine quittierte Rechnung.

Ärztliche Notdienste für Touristen gibt es in der Saison in fast allen größeren Gemeinden am See.

In vielen Apotheken *(farmacie)* spricht man deutsch.

BARRIEREFREIES REISEN

In fast jedem Ort am Lago gibt es barrierefreie Hotels, Übersicht: www.garda-see.com/unterkuenfte/barrierefrei. Die Region Garda Trentino hat ein besonders gut ausgebautes Angebot für Behinderte, auch sportlicher Art: www.gardatrentino.it/de/Behindertenurlaub-gardasee/. Ungeeignet für Rollstuhlfahrer ist das Pflaster in der Altstadt von Malcesine.

DIPLOMATISCHE VERTRETUNGEN

- **Deutschland:** Generalkonsulat, Via Solferino 40, 20121 Milano Tel. 02 623 11 01 www.mailand.diplo.de
- **Österreich:** Piazza del Liberty 8, 20121 Milano, Tel. 02 77 80 78 0 mailand-gk@bmaa.gv.at www.bmeia.gv.at
- **Schweiz:** Via Palestro 2, 20121 Milano, Tel. 02 777 91 61 www.eda.admin.ch/milano

EINREISEBESTIMMUNGEN

EU-Bürger und Schweizer benötigen einen gültigen Personalausweis, Autofahrer den nationalen Führerschein.

Für Hunde und Katzen muss der EU-Haustierpass *(pet pass)* mitgeführt werden, der eine gültige Tollwutimpfung ausweist. Außerdem muss das Tier mit einem Mikrochip ausgestattet sein.

ELEKTRIZITÄT

Die elektrische Spannung beträgt durchweg 220 Volt. Sollte ein Stecker für Rasierer oder Fön nicht passen, so erhält man in fast jedem Elektrogeschäft (und meist auch an der Hotelrezeption) einen entsprechenden Adapter *(spina di adattamento)*.

FEIERTAGE

Italiens gesetzliche Feiertage sind: 1. Jan. (Neujahr), 6. Jan. (Dreikönig), Ostermontag, 25. April (Tag der Befreiung), 1. Mai (Tag der Arbeit), 2. Juni (Jahrestag der Republik), 15. Aug. (Mariä Himmelfahrt, »Ferragosto«), 1. Nov. (Allerheiligen), 8. Dez. (Mariä Empfängnis), 25./26. Dez. (Weihnachten)

GELD UND WÄHRUNG

An den zahlreichen Bankomaten erhält man mit EC-Karte mit V-Pay-Symbol und PIN-Nummer unproblematisch Bargeld. Achtung Gebührenfalle, günstiger mit Kreditkarten! Visa, Amex, Mastercard werden auch in vielen Hotels und Restaurants akzeptiert.

HUNDE

Fast alle Hotels, Campingplätze, Ferienwohnungsvermieter und auch die Restaurants am Gardasee erlauben die Begleitung von Vierbeinern, fragen Sie aber sicherheitshalber bei der Buchung nach. Für Hunde wird in der Regel eine Gebühr von 3–6 €/Tag verlangt.

Allerdings herrscht auf den Campingplätzen, Parks und an den Uferpromenaden strikter Leinenzwang, manchmal sogar Hundeverbot wie in Riva. Auch dürfen die Tiere üblicherweise nicht an die Badestrände und nur an den eigens für sie ausgewiesenen Badeplätzen im Wasser plantschen, www.gardasee.de/hundestraende.

Denken Sie aber daran, dass Ihr Vierbeiner bei warmen Temperaturen viel mehr Wasser braucht, und dass Sie ihn bei über 20 °C auf keinen Fall – auch nicht bei offenen Fenstern – länger als 3 Min. im Auto lassen sollten (Gefahr von Hitzeschlag).

INFORMATIONEN

bei den Staatlichen Italienischen Fremdenverkehrsämter (ENIT):

- **Für Deutschland:**
  Barckhausstr. 10, 60325 Frankfurt/M.
  Tel. +49 (0)69/23 74 34
  www.enit.it, www.enit-italia.de
- **Für Österreich:**
  Mariahilferstr. 1b, 1060 Wien
  Tel. +43 (0)1/505 16 30 12
  www.enit.at
- **Für die Schweiz:** Anfragen über das ENIT-Büro in Frankfurt
- **In Italien:** Bei den örtlichen **APT** (Azienda di Promozione Turistica = Fremdenverkehrsamt) oder den **IAT** (Ufficio Informazioni e Accoglienza Turistica = Informationsbüro).

NOTRUF

- **Allg. Notruf:** 112, **Polizei:** 113
- **Feuerwehr (Vigili del fuoco):** 115
- **Notarzt und Rettungswagen:** 118
- **Pannendienst des ACI:** 116
- **Seerettung:** 1530

ÖFFNUNGSZEITEN

Landesübliche Mittagspause: 12.30/13 bis 15, im Sommer oft bis 16 Uhr.

- **Geschäfte:** Mo–Sa 9–12.30, 15/16 bis 19.30 Uhr. Die Ladenschlusszeiten, v. a. in der Hochsaison, werden gerne flexibel gehandhabt. Sa ist ein normaler Werktag, dafür sind manche Geschäfte Mo vormittags oder Mi nachmittags geschlossen.
- **Banken:** meist Mo–Fr 8.30–13, 14 bis 17 Uhr
- **Kirchen:** in der Regel vormittags bis 12 Uhr und ab 15/16 oder 17–19 Uhr
- **Museen:** Die meisten sind Mo geschlossen.
- **Postämter:** Mo–Fr 8.30–12.30, 15–18; Sa 8.30–13 Uhr bei kleineren Postämtern, in größeren Filialen durchgängige Öffnungszeiten.
- **Tankstellen:** Mo–Sa 8–12.30, 15/16 bis 19/20 Uhr, So/Fei im Turnus; an den meisten Tankstellen gibt es jedoch Tankautomaten, die Bargeld, EC- oder Kreditkarten annehmen. Tanken mit Bedienung ist teurer!

RECHNUNGEN

Restaurant- und Einkaufsquittungen sind für den betreffenden Tag aufzubewahren, auch auf dem Markt. Stichproben durch die Finanzpolizei kommen jedoch (selten) vor.

URLAUBSKASSE

• Cappuccino/Espresso:	
am Tresen	1–1,50 €
am Tisch	2,50–4,50 €
• Aqua Min./Softdrink:	
am Tresen	1–1,50 €
am Tisch	3–4,50 €
• Glas Bier:	
am Tresen	3 €
am Tisch	6 €
• Pizza:	7–12 €
• Kugel Eis:	1,50 €
• Taxifahrt (8–10 km):	15 €
• Mietwagen/Tag:	ab 40 €
• 1 l Superbenzin:	
Tankautomat	1,65-1,85 €
mit Bedienung	1,80–2 €

SICHERHEIT

In der Hochsaison verlegen Diebesbanden ihre Jagdreviere manchmal in stark besuchte Touristenzentren. Deshalb: am besten gar nichts, v. a. keine Taschen und Handys im Auto liegen lassen! Schmuck, Geld und Pässe deponiert man besser im Hotelsafe; vollgepackte Autos, vor allem auf Rast- und Parkplätzen, nicht aus den Augen lassen.

SOUVENIRS

Für Mitbringsel gibt es eine reiche Auswahl an kulinarischen Spezialitäten und Weine in den zahlreichen Feinkostläden oder direkt vom Erzeuger: z. B. Olivenöl, Käse, Salami, Pasta, Steinpilze, Aufstriche, Eingelegtes, Marmeladen, Honig.

Kunstsammler können in Antiquitätenläden oder auf den Antikmärkten rund um den See stöbern. Dekorative Bassano-Keramik gibt es auf den Märkten sowie in Geschäften in Riva, Malcesine, Garda, Bardolino und Sirmione.

TAXI

Taxis haben in der Regel einen Taxameter. Bei längeren Fahrten kann man sich u. U. vor Fahrtantritt auf einen Festpreis einigen. Taxifahren ist teurer als in Deutschland. Für Ausflüge empfehlen sich von lokalen Reisebüros organisierte Gruppenfahrten.

TELEFONIEREN

Öffentliche Fernsprecher funktionieren mit Telefonkarten *(scheda telefonica)*, erhältlich in Telefon- und Tabakläden sowie manchen Bars. Auch bei inneritalienischen Ortsgesprächen muss man die Ortsnetzkennzahl (mit der 0) wählen, sie ist ein fester Bestandteil der Rufnummer, daher muss die 0 auch bei Gesprächen aus dem Ausland mitgewählt werden, also 0039 045 367.

Italienische **Mobilnummern** beginnen mit einer 3, ohne eine 0 am Anfang.

- **Telefonauskunft national:** 12; **international:** 176
- Landesvorwahlen (international): **Italien:** 00 39 **Deutschland:** 00 49 **Österreich:** 00 43 **Schweiz:** 00 41

TRINKGELD

Der Gedeckpreis *(pane e coperto)* in Lokalen deckt in der Regel auch den Service mit ab. War er gut, lässt man ca. 5–10 % auf dem Tisch liegen. Für Dienstleistungen im Hotel, beim Friseur usw. wird ein Trinkgeld erwartet.

WOCHENMÄRKTE

Die Kleider- und Lebensmittelmärkte machen rund um den See meist von 8–13 Uhr Station (www.visitgarda.com):

- **Mo:** Moniga del Garda, Peschiera del Garda, Colombare di Sirmione, Torri del Benaco, San Zeno di Montagna
- **Di:** Castelletto di Brenzone, Castelnuovo del Garda, Desenzano, Limone (April–Okt. 1. und 3. Di im Monat), Torbole (Sommer: 2. und 4. Di im Monat)
- **Mi:** Arco (1. und 3. Mi), Gargnano (nur jede 2. Woche), Lazise, Riva del Garda (nur 2., ab Juni auch 4. Mi)
- **Do:** Bardolino, Bussolengo, Lonato, Toscolano-Maderno
- **Fr:** Garda, Manerba del Garda, Lugana di Sirmione
- **Sa:** Brescia (Piazza della Loggia), Malcesine, Padenghe, Salò, Valeggio sul Mincio, Verona (Stadio Comunale)

ZOLL

Innerhalb von EU-Ländern dürfen zollfrei 800 Zigaretten, 10 l Spirituosen, 90 l Wein p. P. ab 17 Jahren eingeführt werden.

Schweizer dürfen zollfrei 200 Zigaretten, 1 l Spirituosen, 2 l Wein, Souvenirs bis zum Gesamtwert von 300 CHF mitnehmen.

REGISTER

Abbazia di Maguzzano 103
Adro 127
Affi 73
Albisano 67
Alto Garda Bresciano 132
Anfo 131
Anreise 25
Aquardens 106
Aquaria 107
Arco 50, 57
Assenza 64

Bagolino 131
Barbarano 93
Bardolino 71
Berlusconi, Silvio 39
Bocca di Creer 51
Bocca di Navene 51, 77
Bocca di Tratto Spino 51
Bogliaco 86
Borghetto di Valeggio sul Mincio 112
Brasa-Schlucht 85
Brentonico 77
Brenzone 64
Brescia 115, 121
• Burgberg 121
• Domplatz 124
• Monastero di Santa Giulia 123
• Museo Mille Miglia 126
• Piazza della Loggia 125
• Piazza della Repubblica 125
• Piazza Mercato 125
• Pinacoteca Tosio-Martinengo 125
Brescianer Seen 118
Brixia – Archäol. Park 123
Bus 27
Bussolengo 73

Caffaro-Tal 131
Calmasino 73
Campione 85
Canevaworld 110
Capovalle 132
Caprino Veronese 77
Castelletto di Brenzone 64
Castelnuovo del Garda 73
Castiglione delle Stiviere 112
Cavaion Veronese 73
Clusane 129
Colà di Lazise 107
Colma di Malcesine 51
Corno della Marogna 77
Costermano 77
Custoza 73, 114

Darzo 132
Desenzano del Garda 101

Erbusco 127
Eremo San Giorgio 70

Feiertage 152
Felszeichnungen 67
Ferrara di Monte Baldo 77
Festa del nodo d'amore 113
Feste 42
Fonte Boiola 107
Franciacorta 117, 127

Gaino 89
Garda 68
Gardaland 110
Gardesana Occidentale 81
Gardola 88
Gardone Riviera 82, 90
Gargnano 86
Geschichte 38
Giardino Botanico – Fondazione Heller 91
Grotte di Catullo 105

Idro 131
Iseo 129
Iseo-See 127
Isola del Garda 82, 94

Klima 24
Kunst & Kultur 40
Kuren 106

Laghetto di Frassino 109
Lago di Bondo 81
Lago d'Idro 131
Lago d'Iseo 129
Lago di Valvestino 132
Lazise 74
Ledro-See 50, 58
Lido delle Bionde 105
Lido di Soprì 105
Limonaia La Malora 86
Limonaia Prà del la Fam 86
Limone sul Garda 84
Lodrone 132
Lonato 103
Lovere 130

Maderno 89
Madonna del Frassino 109
Madonna della Ceriola 120, 130
Madonna della Corona 70
Madonna di Monte Castello 88
Malcesine 62
Manerba del Garda 96
Molina di Ledro 59
Moniga del Garda 96
Monte Altissimo 51
Monte Baldo 51, 64
Monte-Baldo-Höhenweg 76
Monte Brione 57
Monte Isola 130
Monte Luppia 67
Monte Pizzocolo 77, 94
Monte San Bartolomeo 94

Monte Tremalzo 77
Mori 77
Movieland 110
Museo dell'Olio 72

Natur 40
Natura Viva 75
Negrar 74
Notruf 153

Oratorio Sant'Antonio 131

Padenghe sul Garda 96
Parco Aldo Garda Bresciano 88
Parco Giardino Sigurta 113
Parco Grotta Cascata Varone 50
Parco Termale del Garda Villa dei Cedri 107
Passo Canaletta 77
Passo di Spino 94
Pescantino 106
Peschiera del Garda 108
Peschiera Maraglio 120, 130
Pietra dei Cavalieri 67
Pietra delle Griselle 67
Pieve (di Tremosine) 85
Pieve di Ledro 60
Pisogne 130
Polpenazze 97
Ponalestraße 59, 77
Ponte Caffaro 131
Ponte Pola 132
Prada Alta 66
Pregasio 85
Provaglio d'Iseo 127
Punta San Vigilio 67

Rifugio Damiano Chiesa 51
Rifugio Graziani 51
Rifugio Novezzina 77
Rifugio Pirlo 94
Riserva Naturale Torbiere d'Iseo 127
Riva del Garda 54
Riva di Solto 130
Rodengo-Saiano 127
Rotes Kreuz 111

Salò 92
San Felice del Benaco 95
San Giacomo 77
San Martino della Battaglia 110
San Michele 94
San Pietro in Cariano 74
Santa Maria 89
Santa Maria del Carmine 96
Sant' Ambrogio di Valpolicella 73
San Valentino 77
San Zeno di Montagna 66
Sarnico 129
Scaliger 38, 74, 143
Schiff 27
Sentiero Panoramico 76
Serniga 94
Sirmione 104, 106
S. Lucia di Pescantina 106
Soiano del Lago 97
Solferino 111
Sommacampagna 73, 114
Sport 28 ff., 76
Steckbrief 36
Strada dei vini e sapori 83
Strada del Vino 73
Strada del Vino di Bianco di Custoza 114

Tavernola 130
Telefonieren 154
Tempesta 76
Termale Virgilio 107
Terme Catullo 106, 107
Thermen von Sirmione 107
Tignale 88
Torbole sul Garda 60
Torri del Benaco 65
Toscolano-Maderno 89
Tremalzo-Pass 132
Tremosine 80, 85

Unterkunft 33

Val d'Ampola 132
Val de Molin 132
Val di Ledro 59
Val di Sur 94
Valeggio sul Minco 112
Valle delle Cartiere 89
Valpolicella, Weinland 73
Valtènesi 94
Varone-Wasserfall 58
Verona 133
• Arena 135, 138
• Basilica Sant'Anastasia 139
• Casa di Giulietta 139
• Castelvecchio 140
• Dom 141
• Giardini Giustiani 142
• Museo di Castelvecchio 140
• Piazza Brà 135
• Piazza dei Signori 139
• Piazza delle Erbe 135
• Ponte Pietra 142
• Porta Borsari 141
• San Fermo Maggiore 140
• San Giorgio Maggiore 142
• San Zeno Maggiore 140
• Stadtgeschichte 143
• Teatro Romano 142
• Tomba di Giulietta 142
Vesio 85
Villa dei Cedri 107
Visconti-Brücke 112
Vittoriale degli Italiani 91
Voltino 85

Wein 45
Wochenmärkte 154

Zug 25

BILDNACHWEIS

Coverfoto Bei Bardolino, Gardasee © plainpicture/Westend61/Gerald Staufer
Fotos Umschlagrückseite © Huber Images/Davide Erbetta (links); Shutterstock/Nomad_Soul (Mitte); Huber Images/Luca Da Ros (rechts)

Aquardens: 107; Fotolia/autofocus67: 55; Fotolia/M. Bonotto: 103; Fotolia/David Paris: 104; Fotolia/Skowron: 87; Fotolia/Norbert Süssenguth: 10; Fotolia/Tino Thoß: 75; Fotolia/Hannes Tietz: 29; Getty Images/Antonio Masiello: 39; Getty images/Westend61: 20/21; Hotel Fonte Boiola: 106; Huber Images/Davide Erbetta: 48; Huber Images/Gräfenhain: 23, 113, 145; Huber Images/H.P. Huber: 76, 78; Huber Images/Sabine Lubenow: 93; Huber Images/Massimo Ripani: 12, 115; Huber Images/Luca Da Ros: 124, 8-2; imago/Danita Delimont: 18; imago/imago stock&people: 126; imago/McPHOTO: 98; Jahreszeitenverlag/Tim Langlotz: 41, 61, 141; laif/Sabine Bungert: 80; laif/Heuer: 27; laif/Le Figaro Magazine/Eric Sander: 15, 46/47; laif/Berthold Steinhilber: 34/35; laif/SZ Photo/Jose Giribas: 13; laif/Clemens Zahn: 88; Lookphotos/Stefan Schuetz: 37; mauritus images/ClickAlps: 95; Pixelio/Matthias Brinker: 67; Schapowalow/Monica Goslin: 121; Seasons Agency/Jalag/Tim Langlotz: 133; Shutterstock/Toni Bryan: 109; Shutterstock/DanKe: 6/7; Shutterstock/GoneWithTheWind: 150; Shutterstock/Jorg Hackemann: 138; Shutterstock/Danny Iacob: 43; Shutterstock/Andrea Izzotti: 9-1; Shutterstock/Vladimir Khirman: 71; Shutterstock/Liane M: 97; Shutterstock/Andrew Mayovskyy: 128, 131; Shutterstock/Nick_Nick: 135; Shutterstock/Nomad_Soul: 44; Shutterstock/pointbreak: 16, 59; Shutterstock/Alex Poison: 63; Shutterstock/Michal Sanca: 64; Shutterstock/Renata Sedmakova: 116;Shutterstock/Lukasz Szwaj: 68; Shutterstock/Vaclav Volrab: 147; Shutterstock/Chris Warham: 17; Shutterstock/Wolverine1023: 85; Shutterstock/Yolanta: 102; stock.adobe.com/Patrick Daxenbichler: 19; stock.adobe.com/Maurizio Rovati: 14; Heide Ilka Weber: 8-1, 31.

Liebe Leserin, lieber Leser,
wir freuen uns, dass Sie sich für diesen POLYGLOTT on tour entschieden haben. Unsere Autorinnen und Autoren sind für Sie unterwegs und recherchieren sehr gründlich, damit Sie mit aktuellen und zuverlässigen Informationen auf Reisen gehen können. Dennoch lassen sich Fehler nie ganz ausschließen. Wir bitten Sie um Verständnis, dass der Verlag dafür keine Haftung übernehmen kann.

Ihre Meinung ist uns wichtig. Bitte schreiben Sie uns:
GRÄFE UND UNZER VERLAG
Postfach 86 03 66, 81630 München, Tel. 0 89 / 419 819 41
www.polyglott.de

LESERSERVICE
polyglott@graefe-und-unzer.de
Tel. 0 800 / 72 37 33 33 (gebührenfrei in D, A, CH), Mo–Do 9–17 Uhr, Fr 9–16 Uhr

1. Auflage 2019

Dieses Buch wurde auf chlorfrei gebleichtem Papier gedruckt.
ISBN 978-3-8464-0401-0

Bei Interesse an maßgeschneiderten B2B-Editionen:
gabriella.hoffmann@graefe-und-unzer.de

Bei Interesse an Anzeigen:
KV Kommunalverlag GmbH & Co KG
Tel. 089/928 09 60
info@kommunal-verlag.de

Verlagsredaktion: Anne-Katrin Scheiter
Autorin: Heide-Ilka Weber
Redaktion: Buch und Gestaltung, Britta Dieterle
Bildredaktion: Tamara Hansinger
Mini-Dolmetscher: Langenscheidt
Umschlaggestaltung & Layout:
Independent Medien Design, München
Horst Moser (Artdirection), Lucie Heselich
Karten und Pläne: Theiss Heidolph und Kunth Verlag GmbH & Co. KG
Satz: uteweber-grafikdesign
Herstellung: Anna Bäumner
Druck und Bindung:
Printer Trento, Italien

PEFC
PEFC/18-31-506

GRÄFE UND UNZER

Ein Unternehmen der
GANSKE VERLAGSGRUPPE

MINI-DOLMETSCHER ITALIENISCH

ALLGEMEINES

Guten Tag.	Buongiorno. [buon**dscho**rno]
Hallo!	Ciao! [**tscha**o]
Wie geht's?	Come sta? [**ko**me sta]
Danke, gut.	Bene, grazie. [**bä**ne **gra**zje]
Ich heiße ...	Mi chiamo ... [mi kj**a**mo]
Auf Wiedersehen.	Arrivederci. [arriwe**der**tschi]
Morgen	mattina [mat**ti**na]
Nachmittag	pomeriggio [pome**rid**scho]
Abend	sera [**ß**era]
Nacht	notte [**not**te]
morgen	domani [do**ma**ni]
heute	oggi [**od**schi]
gestern	ieri [järi]
Sprechen Sie Deutsch?	Parla tedesco? [**par**la te**des**ko]
Wie bitte?	Come, prego? [**ko**me **prä**go]
Ich verstehe nicht.	Non capisco. [non ka**pis**ko]
Sagen Sie es bitte nochmals.	Lo può ripetere, per favore. [lo pu**o** ri**pä**tere per fa**wo**re]
..., bitte.	..., per favore. [per fa**wo**re]
danke	grazie [**gra**zje]
Keine Ursache.	Prego. [**prä**go]
was / wer / welcher	che / chi / quale [ke / ki / ku**a**le]
wo / wohin	dove [**do**we]
wie / wie viel	come / quanto [**ko**me / ku**an**to]
wann / wie lange	quando / quanto tempo [ku**an**do / ku**an**to **täm**po]
warum	perché [per**ke**]
Wie heißt das?	Come si chiama? [**ko**me ßi kj**a**ma]
Wo ist ...?	Dov'è ...? [do**wä**]
Können Sie mir helfen?	Mi può aiutare? [mi pu**o** aju**ta**re]
ja	sì [ßi]
nein	no [no]
Entschuldigen Sie.	Scusi. [**sku**si]
Gibt es hier eine Touristeninformation?	C'è un ufficio di turismo qui? [**tschä** un uf**fi**tscho di tu**ris**mo ku**i**]
Haben Sie einen Stadtplan?	Ha una pianta della città? [a **u**na pj**an**ta **del**la tschit**ta**]
Wann ist ... geöffnet?	A che ora è aperto (m.) / aperta (w.) ...? [a **ke o**ra ä a**pär**to / a**pär**ta]
das Museum	il museo (m.) [il mu**se**o]

SHOPPING

Wo gibt es ...?	Dove posso trovare ...? [**do**we **pos**so tro**wa**re]
Wie viel kostet das?	Quanto costa? [ku**an**to **kos**ta]
Wo ist eine Bank?	Dov'è una banca? [do**wä** una **bang**ka]
Ich suche einen Geldautomaten.	Dove posso trovare un bancomat? [**do**we **pos**so tro**wa**re un bangko**mat**]
Geben Sie mir 100 g Käse / zwei Kilo Pfirsiche	Mi dia un etto di formaggio / due chili di pesche. [mi **di**a un **ät**to di for**mad**scho / **du**e **ki**li di **päs**ke]
Wo kann ich telefonieren / eine Telefonkarte kaufen?	Dove posso telefonare / comprare una scheda telefonica? [**do**we **pos**so telefo**na**re / kom**pra**re una **ske**da tele**fo**nika]

ESSEN UND TRINKEN

Die Speisekarte, bitte.	Il menu per favore. [il me**nu** per fa**wo**re]
Brot	pane [**pa**ne]
Kaffee	caffè / espresso [kaf**fä** / es**präs**so]
Tee	tè [tä]
mit Milch / Zucker	con latte / zucchero [kon **lat**te / **zuk**kero]
Orangensaft	succo d'arancia [**suk**ko da**ran**tscha]
Mehr Kaffee, bitte.	Un altro caffè, per favore. [un **al**tro kaf**fä** per fa**wo**re]
Suppe	minestra [mi**näs**tra]
Nudeln	pasta [**pas**ta]
Fisch / Meeresfrüchte	pesce / frutti di mare [**pe**sche / **frut**ti di **ma**re]
Fleisch	carne [**kar**ne]
Geflügel	pollame [pol**la**me]
Beilage	contorno [kon**tor**no]
vegetarische Gerichte	piatti vegetariani [pj**at**ti wedschetar**ja**ni]
Ei	uovo [u**o**vo]
Salat	insalata [inßa**la**ta]
Dessert	dolci [**dol**tschi]
Obst	frutta [**frut**ta]
Eis	gelato [dsche**la**to]
Wein	vino [**wi**no]
Bier	birra [**bir**ra]
Wasser	acqua [**a**kua]
Mineralwasser	acqua minerale [**a**kua mine**ra**le]
mit / ohne Kohlensäure	gassata / naturale [gas**sa**ta / natu**ra**le]
Ich möchte bezahlen.	Il conto, per favore. [il **kon**to per fa**wo**re]

MEINE ENTDECKUNGEN

Teilen Sie Ihre Entdeckungen auf facebook.com/Polyglottreisewelt.

CHECKLISTE GARDASEE

Nur da gewesen oder schon entdeckt?

☐ **DIE BURGANLAGE VON ARCO**

Ein Spaziergang von gut 20 Minuten den Burgberg hinauf zur Burganlage wird mit einer **tollen Aussicht** belohnt › S. 57.

☐ **MIT DEM SCHIFF ÜBER DEN GARDASEE**

Bei einer Schifffahrt auf dem **nördlichen Abschnitt des Sees** z. B. nach Limone zeigt sich der See von seiner schönsten Seite › S. 27, 84.

☐ **MUSEO DELL'OLIO IN BARDOLINO**

Bei einem Besuch erfährt man Wissenwertes über die **Olivenölproduktion** und lernt, wie unterschiedlich Öle schmecken › S. 72.

☐ **AUSFLUG INS VALPOLICELLA**

Das Valpolicella besticht nicht nur mit seinen **typischen Weinen**, auch die **liebliche Landschaft** ist ein Genuss für die Augen › S. 73

☐ **PARCO DE LA ROCCA IN SOLFERINO**

Auf der Piazza Castello, in der Chiesa San Pietro und im Park mit seiner Zypressenallee ist Italiens jüngste Einigungsgeschichte eindrucksvoll präsent › S. 111.

☐ **PIAZZA DE LA LOGGIA IN BRESCIA**

Bildschöne **Renaissancefassaden** zeugen vom venezianischen Einfluss, die Piazza gehört zu den eindrucksvollsten Plätzen Oberitaliens › S. 125.

☐ **STRADA DEL VINO DI FRANCIACORTA**

Fast noch ein Geheimtipp ist das mit Reben bedeckte zauberhafte Hügelland zwischen Brescia und Lago d'Iseo mit **alten Weingütern**, wo der beste Schaumwein Italiens produziert wird. › S. 127.

MITBRINGSEL

- **Spaghettischüssel** von Bassano-Keramik, erhältlich auf Wochenmärkten › **S. 154**
- **Wein vom Gardasee**, gute Auswahl: Cantina F.lli Zeni in Bardolino › **S. 72**